だいわ文庫

日本の神様 ご利益事典

知っているようで知らない
八百万神の履歴書

茂木貞純＝監修

大和書房

はじめに

日本神話には、八百万《やおよろず》の神々が登場し、それぞれ個性を発揮して活躍している。天照大神《あまてらすおおみかみ》や大国主神《おおくにぬしのかみ》のように誰もが知っている人格神、風神・水神・土神などの自然神、面白いのは木花知流比売《コノハナチルヒメ》というように「桜の花が散る」という自然現象も神として登場することだ。

最高至貴の神として信仰される天照大神は、太陽に象徴され天にあって光輝く偉大な神の意で自然神ともいえる。同じく三貴子の一柱である月読尊《つくよみのみこと》は、月の満ち欠けを数えて日にちを決めた、暦が成立してくる原点を伝えている神である。こうしてみると神々の名前は、私たちの先祖が経験した生活のなかから生まれてきた、と言ってもよいのだろう。

本書は、日本神話に登場する神々を、神名の由来を解くことによって、理解を深めるとともに、来歴を紹介し、神々が私たちにもたらしてくれる恩恵、すなわちご利益を紹介するものである。とくに神名の理解を進めると、この日本列島で生活を築いてきた、先祖の姿が現われてくる。遠い先祖の体験した感性豊かな世界に触れることにもなる。

それらの神々は現実社会のなかで著名な神社として祀られ、多くの参詣者でにぎわっている。その神様が何処に祀《まつ》られているのか、明らかにして紹介する。神社の魅力は、日本神話に登場する神々が、現実の神社として地域社会のなかで今も大切に祀られ続けていることである。古の人々が神の恵みを感じたそのままに、現代人も神恩の有難さにじかに触れることができるのだ。

本書をたずさえて、日本の各地に祀られる著名な神様を訪ねていただきたい。また本書を片手に日本神話をひもとかれることを望みたい。豊かな神々の世界が浮かび上がると同時に、神々と共に発展してきた日本の姿にも気付くことになるだろう。

茂木貞純

日本の神様 ご利益事典【目次】

第二章 ◉ 天の神様

第三章◉地の神様

第四章 ◉ 民衆の神様

第一章から第三章の神名表記は、『日本書紀』を基準とし、本文の神様の敬称は「神」もしくは「命」で統一しました。

第一章◉人気神社の神様

伊勢、出雲、熊野……
聖地に鎮座する神様たちを訪ねる

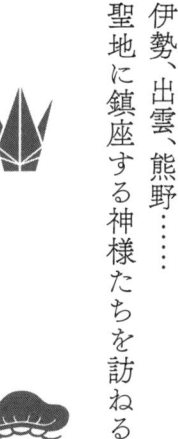

日々、平和に過ごせる！

◉天照大神《あまてらすおおみかみ》——皇大神宮（伊勢神宮内宮）

高天原を統治し、天皇家の祖神とされる、最も尊い太陽神

【異称】……天照大御神、天照坐皇大御神、大日孁貴神、大日女尊など

❖——イザナキの左目から生まれた女神

アマテラス大神《おおみかみ》（天照大神）は、太陽に象徴され、皇室の祖神であり、日本のすべての神々のなかで最も尊い神様です。

そのため、アマテラス大神を祀る三重県伊勢市の伊勢神宮は、日本で最も格式の高い神社とされています。

『古事記《こじき》』によると、アマテラス大神は黄泉国《よみのくに》から戻ったイザナキ命《のみこと》（伊弉諾尊）が筑紫《つくし》の日向《ひむか》の橘《たちばな》の小門《おど》の阿波岐原《あわきはら》で禊《みそぎ》をし、左目を洗った時に誕生したとされています。

同時に、右目を洗った時にツクヨミ命（月読尊）、鼻を洗った時にスサノオ命（素戔嗚尊）が誕生したのを見たイザナキ命は、「三柱の尊い子を得た」と喜び、アマテ

▲アマテラス大神を祀る伊勢神宮の内宮。20年に一度行なわれる式年遷宮が現代まで受け継がれています。

ラス大神に高天原《たかあまのはら》を治めるように命じました。高天原とは、神々（天津神《あまつかみ》）が住む天上の世界のことです。

アマテラスとは文字通り「天にあって照り輝く大神」という意味を持つ神名であって、すべての神々に光を当てる存在といえるでしょう。

❖――女神が隠れ、世界が真っ暗に

アマテラス大神の神格を象徴する神話が「天岩戸《あまのいわと》」の伝承です。

アマテラス大神の弟であるスサノオ命は、非常に乱暴者で、アマテラス大神の田の畔《あぜ》を壊したり、灌漑《かんがい》の溝を埋めたりするなど、狼藉《ろうぜき》のし放題でした。アマテラス大神は弟を一生懸命庇《かば》っていましたが、ある日、スサノオ命は機織りの部屋を壊し、皮をはいだ馬を投げ込んだため、これに驚いた機織りの女性が機織りの尖った器具で陰部《ほと》を刺して命を落としてしまいます。

　さすがのアマテラス大神もこれを許すことができず、弟に対する怒りと恐怖から、天岩戸の奥に籠ってしまいました。

　するとたちまち異変が起きました。世界が真っ暗になり、暗闇の世界で邪神が騒ぎ出して世界中に禍《わざわい》が広がったのです。

　困った神々が思慮の深い神であるオモイカネ神《のかみ》（思兼神）に相談したところ、オモイカネ神は神々を天岩戸の前に集め、山からお榊をとってきてまず八咫鏡《やたのかがみ》、八尺瓊勾《やさかにのまが》玉《たま》と二本の紙垂《しで》をつけ、岩戸の前に立てました。

　そして、常世長鳴鳥《とこよのながなきどり》を集めて鳴かせ、祝詞《のりと》を唱え、アメノウズメ命（天鈿女命）に神楽《かぐら》を舞わせました。するとやがてアメノウズメ命は神がかりし、乳房や腰を露わにして踊り続けました。

　その姿があまりに面白く、神々が大声で笑っていると、岩戸がなかからそろりそろりと細目に開きました。聞こえてくる笑い声が気になったアマテラス大神が、少しだ

▲天岩戸のなかより現われたアマテラス大神。『天岩戸神話の天照大神』（春斎年昌画）

け岩戸を開けて、外の様子を確認しようとしたのです。

　何があったのかとアマテラス大神が尋ねると、アメノウズメ命から「あなた様より尊い神様がおいでになったので、喜んでいる」という答えが返ってきます。その神の姿を見ようと、アマテラス大神が外を覗いた瞬間、フトダマ命（太玉命）とアメノコヤネ命（天児屋命）がその目の前に八咫鏡を差し出しました。

　そこには、神々《こうごう》しい神の姿が映っていました。鏡に映った姿が自分であることに気づかないアマテラス大神が思わず身を乗り出します。その機を捉えて、外で待ち構えていた怪力の神・アメノタヂカラオ神（天手力雄神）がアマテラス大神の手を引き外へ出すと、フトダマ命が岩屋の入口に注連縄《しめなわ》を張って、なかに戻れないようにしたのです。

アマテラス大神が外に出た途端、世界には光が戻り、禍も消えました。これはすなわちアマテラス大神が平和と秩序の神であることを示します。アマテラス大神は、禍を消し去る平和の光の象徴であり、日本の平穏を守り安泰へと導いてくれる神様でもあるのです。

❖——太陽の女神が鎮座し、太陽が昇る伊勢

天岩戸開きに使われた八咫鏡は、その後、アマテラス大神の御霊代《みたましろ》として皇居に祀られました。そして、同じく天岩戸開きで使われた八尺瓊勾玉、騒動の後、高天原を追放されたスサノオ命が出雲《いずも》に降り、八岐大蛇《やまたのおろち》を退治した際にその尾より出現した天叢雲剣《あめのむらくものつるぎ》（草薙剣《くさなぎのつるぎ》）と共に、皇位の象徴である「三種の神器」として継承されてきました。

『日本書紀《にほんしょき》』によれば、崇神《すじん》天皇六年（紀元前九二）に疫病が流行った際、アマテラス大神の御霊代である八咫鏡は大和国の笠縫邑《かさぬいのむら》へ遷され、さらに八十七年後の垂仁《すいにん》天皇の時代に、皇女・倭姫命《やまとひめのみこと》に伴われて宇陀《うだ》や近江、美濃など各地を巡幸し、最後

に伊勢国に鎮座しました。

これが現在の伊勢神宮の内宮《ないくう》（皇大神宮《こうたいじんぐう》）の始まりです。

『日本書紀』によると、伊勢の地がアマテラス大神の鎮座する場所と決まったのは、アマテラス大神を奉じる倭姫命がこの地に至った時、アマテラス大神より「伊勢は常世国《とこよのくに》（不老不死の国）から浪（波）が打ち寄せる美しい国なので、ここがよい」という託宣を下されたからだと伝えられています。

伊勢は、当時都が置かれた大和から見て、太陽が昇る東に位置していますから、太陽神であるアマテラス大神を祀るのにふさわしい場所だと考えられます。

冬至《とうじ》の日には、伊勢神宮内宮に架かる宇治橋の鳥居の中央を、太陽が通過して昇っていきます。

その美しく、神々しい光景は、まさに日本の平和を守る太陽神の存在を感じさせてくれる瞬間だと言えるでしょう。

【主なご利益】……国土安泰、五穀豊穣、生命力向上
【主な神社】……伊勢神宮内宮（三重県）、東京大神宮（東京都）、全国の天祖神社、神明社

農業や漁業が繁栄する！

◉豊宇気毘売神《とようけびめのかみ》——豊受大神宮（伊勢神宮外宮）

アマテラス大神の食事を司る女神の前身は、羽衣を盗まれた天女だった!?

【異称】……豊宇気毘売神、豊受大御神、豊受気媛神、登由宇気神など

❖——外宮に祀られる食事の神

伊勢神宮は、正式には、アマテラス大神を祀る内宮《ないくう》（皇大神宮）と外宮《げくう》（豊受大神宮《とようけだいじんぐう》）及び十四の別宮《べつぐう》をはじめとする、百二十五の神社の集合体です。

トヨウケビメ神は、その伊勢神宮の外宮に祀られている女神で、豊受大御神《おおみかみ》、御饌《みけ》都神《つかみ》とも呼ばれています。「ウケ」は「食物」を意味し、御饌とは神々に捧げる食物のこと。つまり外宮に鎮座してアマテラス大神の食物を司る神様なのです。

『古事記』によると、トヨウケビメ神は、イザナキ命とイザナミ命の御子であるワクムスヒ神（稚産霊《わくむすひ》）の娘とされています。ワクムスヒ神は、火神・カグツチ（軻遇突智）に陰部を焼かれて病んだイザナミ命の尿から生まれた神で、その名は生成の霊力を意味しており、豊穣をもたらす農耕神です。

▲トヨウケビメ神を祀る伊勢神宮外宮の御正殿。伊勢詣の際には、まず外宮から参拝するのが原則とされます。

この農耕神から生まれた娘が、アマテラス大神の食事を調達する役割を与えられ、伊勢神宮外宮に祀られるようになった由来について、九世紀初めに成立した『止由気《とゆけ》宮儀式帳《ぐうぎしきちょう》』に、以下のように記されています。

第二十一代雄略《ゆうりゃく》天皇の夢枕に、ある日、アマテラス大神が立ち、「ひとりでは寂しいし、食事にも不自由している。丹波国《たんばのくに》にいる御饌の神である等由気大神《とゆけのおおかみ》（トヨウケビメ神）を自分のそばに遣わしてほしい」と頼みます。雄略天皇は、すぐさま伊勢の山田原に神殿を建て、丹波国からトヨウケビメ神を迎えてお祀りしました。これが外宮の始まりです。

❖――天に戻れなくなった天女が神様に

トヨウケビメ神の由来について、『丹後国風土記《ふどき》』（逸文《いつぶん》）にも伝承があります。

ある日、丹波の泉で天女が水浴びをしていたところ、これを見かけた地元の老夫婦が脱いであった羽衣を隠してしまいました。羽衣を失い天に戻れなくなってしまった天女は困り果てます。そこへ老夫婦が天女に自分たちの子供になってほしいと声をかけてきたため、天女は仕方なく老夫婦と一緒に暮らすことにしました。

ここで天女は意外な能力を発揮します。彼女は酒造りがとても巧みだったのです。しかも、天女が造った神酒《みき》には万病を癒《いや》す力が備わっていました。老夫婦はこの神酒を売って大儲けし、裕福な生活を送るようになります。

すると、驕《おご》った老夫婦は、「お前は私たちの子ではないから、出て行け」と、天女を追い出してしまいました。路頭に迷った天女は、あちこちを放浪した末に奈具《なぐ》の村にたどり着き、「この村で心が穏やかになった」と言って、そこに住むことにしたのです。天女はこの村の社に祀られ、豊宇賀能売命《とようかのめのみこと》となりました。

この天女が、トヨウケビメ神であると伝えられ、酒を造るのが上手だったことから、

▲トヨウケビメ神の来歴を語る『丹後国風土記』収録の伝承の舞台となった奈具神社。

酒の材料となる米作りを見守る稲の神とされたのです。

かくして雄略天皇の時代、トヨウケビメ神は伊勢神宮に迎えられ、アマテラス大神の食を司る神になったことで、五穀《ごこく》の主宰神となり、全国的な信仰を集めるようになりました。

農業や漁業などの産業はもちろんのこと、今では衣食住全般にわたる諸産業の守り神となっています。

【主なご利益】……農業守護、漁業守護、諸産業の繁栄

【主な神社】……伊勢神宮外宮（三重県）、籠神社（京都府）、奈具神社（京都府）

よい縁が見つかる！

◉大国主神《おおくにぬしのかみ》——出雲大社

国造りと国譲りを行なった国土開発の神

【異称】……………大穴牟遅神、八千矛神、葦原色許男神、幽世大神、杵築大神

❖——甦りつつある古代神殿の姿

島根県の出雲大社には旧暦十月に全国の神様が集まり、日本中から神様がいなくなるといわれることから、陰暦十月の異称を「神無月《かんなづき》」といい、逆に出雲では「神在月《かみありづき》」といいます。出雲大社のご利益には、五穀豊穣・農業・漁業の守護・商売繁盛などがありますが、なんといっても有名なのが縁結びです。なにしろ、十月に全国から集まった神様が、男女の縁談を協議するというのですから、そのご利益にはかなり期待が持てます。

とはいえ、出雲大社の社殿は縁結びの相談をしている場とは思えないほど静謐《せいひつ》で、〝雄壮〟という形容がふさわしい社です。なかでも圧巻なのが本殿。大社造《たいしゃづくり》と呼ばれる出雲独自の様式で建設された本殿は、二十四メートルもの高さがあり、威風堂々と

した姿を見せています。しかも、古代の建立当時はその倍の四十八メートルの高さを誇っていたという伝承があります。平成十二年（二〇〇〇）に行なわれた発掘調査で、十三世紀に造営された本殿を支えていた直径三メートルもある巨大な柱が出土しており、伝承が誇張されたものではなかったことが判明したのです。

❖心優しくモテモテだったオオクニヌシ神

その出雲大社に祀られているのがオオクニヌシ神です。彼は高天原を追放されたスサノオ命の六代目の子孫で、大穴牟遅《おおなむぢ》神、大穴持《おおあなもち》命、大己貴《おおなむじ》神、葦原色許男《あしはらのしこお》命など、様々な別名を持っています。また、「大国」が「だいこく」とも読めるため、大きな袋を担いだ大黒天と同一視されるようにもなりました。

オオクニヌシ神は、『古事記』に登場する出雲神話の主人公で、様々な逸話が伝えられています。なかでも有名なのが、稲羽《いなば》の素兎《しろうさぎ》神話と根の国神話、そして、国造りと国譲り神話です。

稲羽の素兎は、オオクニヌシ神が兎を助けた物語です。

オオクニヌシ神には、八十神《やそがみ》と呼ばれる大勢の兄神がいました。兄たちは、全員が、稲羽（因幡）国に住む美しいヤガミヒメ（八上比売）を妻にしたいと考え、皆で求婚しに出かけることになりました。その時、一番下の弟であるオオクニヌシ神は、兄弟たちの荷物を持たされ、列の最後尾を歩かされていたのです。

すると、気多《けた》の岬の辺りで、毛をむしられて皮膚が真っ赤になった一匹の素兎が倒れて泣いているではありませんか。ワニ（サメ）を騙《だま》して隠岐島《おきのしま》からこちらに渡ろうとしたところ、それが最後にばれて、怒ったワニに毛をむしり取られてしまったのです。おまけに通りかかった八十神たちから「海の塩水に浸かったあとで身体を乾かせばよい」と嘘《うそ》を教えられ、さらに激しい痛みに襲われていました。

遅れてやってきた心優しいオオクニヌシ神は、この兎に治療法を教えてやり、大いに感謝されます。加えて素兎は「必ずヤガミヒメと結ばれるでしょう」と予言しました。するとその通り、オオクニヌシ神がヤガミヒメのもとを訪れると、ヤガミヒメは八十神を全員袖にして、オオクニヌシ神と結婚すると宣言するのです。

ヤガミヒメと結ばれたオオクニヌシ神でしたが、腹の虫が治まらないのは兄の八十神たちです。彼らはオオクニヌシ神を襲って二度にわたって殺害してしまいます。オオクニヌシ神はそのたびに母親のサシクニワカヒメ（刺国若比売）の尽力によって、赤貝の神キサガヒヒメと蛤の神ウムギヒメの治療などで蘇生しました。しかし、また も危険が迫ったため、根の国（地底の他界）にいるスサノオ命のもとへ逃げ込みます。

ここでオオクニヌシ神が出会ったのがスサノオ命の娘・スセリビメ（須勢理毘売）でした。二人は瞬く間に恋に落ちて夫婦の契りを交わします。

オオクニヌシ神は、根の国でもスサノオ命から様々な試練を与えられ、何度も絶体絶命の危機に陥りますが、スセリビメの助けでこれを克服。ついにはスセリビメを伴いスサノオ命のもとを逃げ出しますが、この時にスサノオ命から「大国主神」という名を与えられ、「国を造れ」と言い渡されたのでした。スサノオ命の生大刀《いくたち》と生弓《いくゆみ》矢《や》を手に入れたオオクニヌシ神は、地上へ戻ると八十神を次々と倒し、地上世界「葦《あし》原中国《はらのなかつくに》」の支配者となります。

❖オオクニヌシ神が示した国を譲る条件とは？

ふたりの妻を持つ身となったオオクニヌシ神は、実は大変好色な神様でした。

その後も、高志国《こしのくに》に美女がいると知るとわざわざ出かけて行って契りを結び、さらに三人の妻を迎えるなど、女性に対して非常に積極的な神様だったようです。出雲大社が縁結びの神様としてご利益が高いといわれているのも、モテモテのオオクニヌシ神を祀る社だからこそといえるかもしれません。

さていよいよオオクニヌシ神は国造りに取り掛かります。

『古事記』では、美保《みほ》の岬にいたオオクニヌシ神のもとを、海からスクナビコナ神（少名毘古那神）が訪れ、二人は力を合わせて出雲で国造りを行なったとあります。スクナビコナ神は国造りの途中で常世国《とこよのくに》へと去りますが、その後、再び海から光る神オオモノヌシ神（大物主神）が現われ、その力を借りて平和な国を造り上げたのです。

国造りに際しては農業の技術指導、医療の法、温泉の普及などに尽力する姿が描かれており、文化・農業・医療・温泉などを司る神としても崇敬を集めています。

しかし、国造りを終えたところで、オオクニヌシ神は、アマテラス大神から「国譲り」を迫られてしまいます。地上世界の支配権をアマテラス大神の子孫に譲れというのです。

高天原から遣わされたタケミカヅチ神（建御雷神）との談判の末、オオクニヌシ神の子であるコトシロヌシ神（事代主神）が国譲りを承諾します。一方別の御子神《みこがみ》であるタケミナカタ神（建御名方神）がタケミカヅチ神との力比べに敗れ、諏訪《すわ》へ逃げ延

▲オオクニヌシ神が稲羽の素兎を助けたと伝わる鳥取県の白兎海岸。沖合の岩が沖之島に見立てられています。

びてタケミカヅチ神に服従を誓いました。

もはや国譲りを承諾する以外にありません。しかしここでオオクニヌシ神はひとつ条件を付けました。要求を受け入れる代わりに、巨大宮殿を建ててくれと願ったのです。こうして建てられた宮殿が出雲大社の起源だといわれています。ただ、『出雲国風土記』では、神々が杵築《きつき》の地に集まって大穴持命（オオクニヌシ神）のために宮殿を建てたと伝えており、ここから出雲大社の別名を「杵築大社《おおやしろ》」としています。

【主なご利益】……縁結び、夫婦和合、五穀豊穣、病気平癒

【主な神社】……出雲大社（島根県）、大神神社（奈良県）、気多神社（石川県）

幸せな船旅ができる！

◉宗像三女神《むなかたさんじょしん》——宗像大社・厳島神社

（田心姫《たごりひめ》命・湍津姫《たぎつひめ》命・市杵嶋姫《いちきしまひめ》命）

アマテラスとスサノオの誓約で誕生した美人三姉妹

【異称】……田心姫＝多紀理毘売命、田霧姫、奥津島比売命／湍津姫＝多岐都比売命／市杵嶋姫命＝市寸島比売命

❖——祭祀を担う海の女神

福岡県の宗像大社は、宗像市田島に鎮座する辺津宮《へつみや》と、沖合に浮かぶ大島の中津宮《なかつみや》、玄界灘《げんかいなだ》の沖ノ島《おきのしま》の沖津宮《おきつみや》の三宮で構成されており、そのそれぞれの宮に一柱ずつ鎮座しているのが宗像三女神です。

とくに沖ノ島は、古来神の島として篤く信仰され、玄界灘の航海の安全を祈る祭祀が長きにわたり続けられてきました。最も古い祭祀遺跡は四世紀後半のものですから、じつに約千六百年にわたり、信仰の島であったことがわかります。

そうした伝統は現代にも引き継がれ、上陸するには海で禊が必要で、年に一度約二百人だけしか島に渡ることができません。

しかも女人禁制と、非常に敷居の高い島ですが、日宋《にっそう》貿易に注力した平清盛《たいらのきよもり》は、この女神を祀る厳島《いつくしま》を保護し、信仰しています。その他の宗像・厳島系の神社は全国に八千五百社に上ります。

宗像三女神は、八百万《やおよろず》の神のなかでも唯一の珍しい「三姉妹の女神」です。『日本書紀』一書《あるふみ》によると、三女神はアマテラス大神から、ニニギ命（瓊瓊杵尊）の天孫降臨（一二六頁）に先立ち筑紫洲《つくしのくに》に降って天孫のために祭祀を行なうよう命じられ、宗像の地に降りたとあります。こうして三人の女神は、長女のタゴリヒメ命（田心姫命）が沖ノ島の沖津宮、三女のタギツヒメ命（湍津姫命）は筑前大島の中津宮、次女のイチキシマヒメ命（市杵島姫命）が宗像市の辺津宮に鎮座し、日本を代表する海の神となったのです。

同じく、広島県の瀬戸内海に浮かぶ厳島にある厳島神社も、この三女神を祀っており、「厳島」という名前は、三女の「イチキシマ」から転じたものと考えられています。

❖――スサノオ命の剣から生まれた三女神

『古事記』は、アマテラス大神とスサノオ命が誓約《うけい》をした時に、アマテラス大神がスサノオ命の十拳剣《とつかのつるぎ》を三段に打ち折り、嚙み砕き、吹き出した息吹の狭霧《さぎり》から宗像三女神が誕生したと伝えています。誓約というのは、あらかじめ決めた結果が表われるかどうかで吉凶を判断する占いです。

スサノオ命は、父であるイザナキ命から葦原中国からの追放を言い渡され、母の国である根の国に行くことになり、姉であるアマテラス大神に別れを告げるために高天原へ出かけていきました。しかし、アマテラス大神は弟がやってくると知ると、高天原を奪いに来たに違いないと誤解し、武装して待ち受けていたのです。

この時、スサノオ命が潔白を証明するために提案したのが誓約でした。自分の持っていた剣から三女神が生まれたことを根拠に、スサノオ命は「自分は心が清いから女神を生むことができたのだ」と勝ちを宣言しますが、その後調子に乗って高天原で暴れ回ったことがアマテラス大神が天岩戸に引き籠る事態に発展したのです（一九頁）。

❖――美貌ゆえに弁天様と同じ神にされた三女・イチキシマヒメ

三女神は皆美人とされますが、なかでも特に美しいのが三女のイチキシマヒメだったといわれています。その美しさと、水（海）を司る神であるという共通点から、神仏習合によって仏教の水神である弁財天《べんざいてん》と同じ神であるとされ、弁天様としても高い人気を誇っています。そのため、全国に分祀されていた宗像三女神を祀る神社は、いつしか弁財天を本尊とする寺院に変化してしまい、明治の神仏分離の後も宗像三女神として復活することなく、弁財天のまま祀られているケースも少なくありません。

ただしイチキシマヒメが弁財天と同一視されたことにより、宗像三女神のご利益もかなり多くなりました。

本来は海の神である三女神は、海上交通を安全に司る神であり、それに伴い豊漁などのご利益もあるのですが、弁財天が一緒になったおかげで、財福や戦勝、子孫繁栄など、数多くのご利益がある神様となったのです。

しかも、弁財天は中世頃から歌舞音曲を司る神としての信仰が篤くなり、琵琶を持つ女神として定着したことから、音楽や芸事、弁舌など、芸術面でのご利益まで追加され、芸能者のなかには、イチキシマヒメを信仰している人が少なくありません。

【主なご利益】……海上安全、交通安全、財運向上、子孫繁栄、芸能上達
【主な神社】……宗像大社（福岡県）、厳島神社（広島県）、江島神社（神奈川県）

健康でいられる！

◉熊野三神《くまのさんしん》——熊野三山

（家都御子神《けつみこのがみ》・熊野《くまの》速玉男神《はやたまのおのかみ》・熊野《くまの》夫須美神《ふすみのかみ》）

他界信仰の聖地に鎮座する自然神たち

【異称】……家都御子神＝櫛御気野命、熊野速玉男神＝速玉男之命、熊野夫須美神＝夫須美神

❖——不老不死の聖地に鎮座する三社

平成十六年（二〇〇四）に世界遺産に登録された「紀伊《きい》山地の霊場と参詣道」は、熊野《くまの》三山と熊野古道を中心としています。

熊野三山とは、和歌山県の熊野にある熊野本宮大社《ほんぐうたいしゃ》、熊野速玉大社《はやたまたいしゃ》、熊野那智大社《なちたいしゃ》の三社の総称で、熊野三社、三熊野などとも呼ばれています。主祭神は、熊野本宮大社がケツミコ神（家都御子神）、熊野速玉大社がハヤタマノオ神（熊野速玉男神）、熊野那智大社がフスミ神（熊野夫須美神）で、総称して熊野三神と呼ばれます。

『日本書紀』一書《あるふみ》には、熊野は火の神を生んで命を落としたイザナミ命が葬られた地だとあり、そこから熊野は、不老不死の国である「常世国」に続く地だとされてきま

した。この伝承により、古くから他界信仰の聖地の神とされた熊野の神々ですが、あくまで熊野の人々に信仰されるローカルな存在でした。

それが神仏習合で仏教と結びついたことで山岳修行者たちがこぞって訪れる修験霊場となり、平安時代には歴代の天皇が御幸《みゆき》し多くの皇族が訪れました。鎌倉・室町時代には武家や庶民にも熊野信仰が広がり、まるで蟻の行列のように多くの参詣者が列を成したため、その賑いぶりは「蟻の熊野詣《もうで》」と呼ばれました。

❖自然の神秘性を背景に生まれた熊野三山

熊野本宮大社のケツミコ神は、スサノオ命の別名ともいわれ、樹木の神とされています。木の種を多く持って天からやってきたスサノオ命が、御子神のイタケル命（五十猛命）と娘のオオヤツヒメ命（大屋津姫命）に命じて熊野一帯に木を植えさせたために、熊野は緑深い土地になったという伝説も残っており、『日本書紀』では、「木の国」と呼ばれた地が、後に「紀伊国」になったのです。

熊野速玉大社のハヤタマノオ神は、イザナキ命とも、イザナキ命とイザナミ命が黄泉国で対峙した時にイザナキ命の吐いた唾から生まれたヨモツコトサカノオ（泉津事解之男）ともされ、海を司る神様です。熊野速玉大社の約二キロメートル南にある神倉山《かみくらやま》は、熊野の神様が最初に降臨した地とされていて、ここにある神倉神社の御神体であるゴトビキ岩と呼ばれる巨大な磐座《いわくら》を崇める古代信仰との関わりが指摘されています。同社では毎年、御燈祭《おとうまつり》という盛大な火祭りが行なわれています。

また、熊野那智大社のフスビ神は、イザナキ命の妻神・イザナミ命であるともいわれます。那智では那智の滝が有名で、同地にはオオナムチ神（大己貴神）を祭神とする飛瀧《ひろう》神社が鎮座していますが、社伝によると、もともと那智大社はこの地にあり、仁徳天皇五年（三一七）に山の中腹に社殿を設けて、熊野の神々・御瀧の神と共に遷されたとされています。

三山はそれぞれ祭神が違っていましたが、平安時代から三山を一つにした霊場作りが進められ、それぞれの祭神を勧請して、一緒に祀るようになりました。そのため、三つの神社のご利益は国土安泰、延命長寿、無病息災、さらには豊漁と海上安全、開運招福、出世成功、商売繁盛、病気平癒、厄除け、盗難除け、縁結び、夫婦和合、子宝・安産など非常に幅広いものとなっています。また熊野一帯は自然を神と崇める信仰の地であることから、こうした信仰が熊野三神の背景にあると考えられます。

❖――サッカー日本代表をゴールに導く八咫烏

熊野三山の守り神であり、シンボル的な存在が、サッカー日本代表のエンブレムとして採用されている三本足の八咫烏《やたがらす》です。

エンブレムが八咫烏になったのは、日本サッカーの生みの親といわれる中村覚之助が熊野の那智勝浦《かつうら》出身で、生家が熊野三所権現《さんしょごんげん》の氏子だったことに由来するといわれます。昭和六年（一九三一）に図案化されたもので、意外に長い歴史を持っているのです。

神話では、神武《じんむ》天皇の東征の際、熊野に上陸して奥深い山中を進軍しようとした時、アマテラス大神が道案内として遣わしたのが八咫烏で、熊野神の神使《しんし》とされています。また役割を終えた八咫烏は、熊野那智大社に戻って石になったといわれ、その烏石が熊野那智大社に残っています。八咫烏は熊野三山の護符である午王法印《ごおうほういん》にも描かれているので、頂いてご利益にあずかるのもよいでしょう。

【主なご利益】……延命長寿、無病息災、海上安全、商売繁盛
【主な神社】……熊野本宮大社、熊野速玉大社、熊野那智大社（和歌山県）

病気が治る！

◉おおものぬしのかみ

大物主神——大神神社

崇神天皇の時代、大和に祟りをもたらした三輪山の神

【異称】……………倭大物主櫛甕玉命、倭大物主櫛𤭖玉命

❖——オオクニヌシ神の国造りを助けた神様が宿る山

奈良県桜井市にある大神《おおみわ》神社には、拝殿の先に本殿がありません。では、何を拝むのかというと、拝殿の背後にそびえる三輪山《みわやま》が信仰の対象なのです。標高四百六十七メートルの三輪山は、松や杉、檜などの大木に覆われ整った円錐形の山。大神神社はこの三輪山をご神体としており、直接ご神体を拝する造りとなっているのです。

本殿を設けずに直接ご神体に祈りを捧げるスタイルは、神社の社殿が成立する以前の原初のスタイルであることから、大神神社は日本最古の神社とされています。

三輪山に宿るとされる大神神社の祭神は、オオモノヌシ神といいます。

出雲神話で、オオクニヌシ神が国造りを行なっていた時、協力者であるスクナビコナ神に常世国へと去られ、一人では国造りができないと嘆いていると、海から光り輝

▲三輪山をオオモノヌシ神の御神体として祀る大神神社。拝殿より三輪山を遥拝する本殿のない神社です。

く神が現われ、国造りを手伝ったとされていますが、神の名前は神話には記されていないのですが、『古事記』や『日本書紀』（記紀）の記述から、その神がオオモノヌシ神であることがわかります。『古事記』では、オオモノヌシ神がオオクニヌシ神の国造りを成就させるために三輪山に祀られることを望んだとありますし、『日本書紀』では、オオモノヌシ大神がオオクニヌシ神の御魂《みたま》として現われ三輪山のご祭神となったと記され、オオモノヌシ大神をオオクニヌシ神と同一神としているのです。

❖――大和に祟りをなした神様

国土創生を助けたオオモノヌシ神ですが、

実は祟る神としての横顔も持っています。

『日本書紀』によると、第十代崇神《すじん》天皇の御世に国内で疫病が流行し、多くの人が命を落としました。困り果てた天皇が占ったところ、天皇の夢枕にオオモノヌシ神が現われ、疫病の流行は自分の意志であり、オオタタネコ（意富多々泥古）という名の者に祀らせるなら、国は平穏になると告げたというのです。崇神天皇がその人物を探し出し、オオモノヌシ神を祀らせたところ、疫病は鎮まったといいます。

大神神社は、国造りの神様であるオオモノヌシ神がご神体ですので、人間生活の全般にご利益があるとされているのですが、そのなかでも疫病を鎮めたことから、病気平癒や疫病除けの神様として知られています。

また、その名が「大いなる物の主」という意味を持つことから、災いをなす精霊をも鎮める力があるとして、厄除けや方位除けにも大きなご利益があるとされています。

❖——オオモノヌシ神の本体は白い蛇⁉

大神神社では、境内にある巳の神杉に籠に入った卵を買って供える人が多くいます。神社の石垣の隙間から白に近い綺麗な色をした蛇が出てきて、それを食べるといわれているからです。

これは、蛇は神の使いであり、オオモノヌシ神の本体も蛇とされているためです。

『日本書紀』には次のような神話が伝えられています。

オオモノヌシ神は、孝霊《こうれい》天皇の娘・倭迹々日百襲姫《やまとととひももそひめ》命と結婚していて、夜になると姫のもとを訪れていました。でも、暗い夜の逢瀬《おうせ》ばかりで、姫は夫の顔を見たことがありませんでした。そこで、ある日、どうしてもその姿が見たいと姫が頼むと、夫はこれを承諾します。そして、ようやく朝日が昇る時に見ることができた夫の姿は、小さな美しい蛇だったというのです。

日本人は、古来、蛇を不思議な力を持つ存在だと捉え、水の恵みをもたらしてくれる山の守り神として祀っていました。水をもたらすことは豊穣や富に繋がりますから、やがて蛇は商売繁盛の神として崇められることになったのです。大神神社で卵を供え、蛇が食べてくれたら特別なご利益も望めるかもしれません。

【主なご利益】……商売繁盛、病気平癒、稲作豊穣、醸造守護、厄除け

【主な神社】……大神神社（奈良県）、大物主神社（兵庫県）、金刀比羅宮（香川県）

仕事がうまくいく！

宇迦之御魂神《うかのみたまのかみ》――伏見稲荷大社

狐をトレードマークとする穀物と商売の神、お稲荷さんの正体とは？

【異称】……宇迦之御魂神、倉稲魂命、稲荷神

❖――飛んで来た餅から稲が生まれたことから「稲荷」に

京都市伏見区の稲荷山西麓に鎮座する伏見稲荷大社は、おびただしい数の鳥居がトンネルのように続く千本鳥居で有名な神社です。雑誌やテレビなどでも頻繁に紹介されていますので、ご存知の方も多いことでしょう。

伏見稲荷大社のご祭神はウカノミタマ神で、『古事記』ではスサノオ命と、山の神であるオオヤマツミ神の娘・カムオオイチヒメ（神大市比売）の間に生まれた神様とされ、『日本書紀』ではイザナキ命とイザナミ命が大八島国《おおやしまぐに》を生んだ後、空腹を覚えた時に生み出したとあり、「倉稲魂命」と表記されています。

ウカノミタマ神の「ウカ」とは、「食物」を意味する古い言葉で、主食の稲の霊を指していますので、「宇迦之御魂神」とは、稲に宿る魂という意味になり、稲の神様、

▲ウカノミタマ神を祭神とする伏見稲荷大社。

穀物神なのです。

では、稲の神様がなぜ伏見の稲荷山に祀られるようになったのでしょう。その起源について、『山城国風土記《やましろのくにふどき》』（逸文）に、次のような記述があります。

昔、山城国一帯に渡来系の豪族・秦氏《はた》が住んでいました。その秦氏の伊呂具《いろぐ》という人物が、裕福なことを驕り、ある時、餅を的にして矢を放ったのです。すると、餅は白い鳥になって飛び去り、止まった山上に稲が実りました。

不思議に思った伊呂具はそこに神社を建て、「稲荷（稲が生った）神」を祀ったのです。

伏見稲荷大社の社伝によれば、稲荷神が

鎮座したのは和銅《わどう》四年（七一一）のこととされます。当初は秦氏の氏神として祀られた神様でしたが、やがて秦氏が全国に居住地を広げていくのに伴い、その信仰が各地に伝わりました。

そうした過程のなかで、穀物の神様であるウカノミタマ神と稲荷神の信仰が結び付いていったと考えられています。

❖——お稲荷さんとキツネが結び付いたのはなぜ？

こうした由来から、ウカノミタマ神はお稲荷さんとして親しまれるようになっていったのですが、ここでひとつ疑問が浮かびます。

お稲荷さんといえば、すぐに狐を連想しますが、神様の誕生の由来などを探っても、どこにも狐は出てきません。なのに、どうしてお稲荷さん＝狐という構図が出来上がったのでしょう？

その理由については次のようにいわれています。

狐が里山に棲み、人の棲む里と神の世界である山を行き来する習性を持つ動物であることから、まず神使と考えられるようになりました。

加えて山と里を行き来する田の神と結びつき、稲の神の使いとなったと推測されています。

また、同じくお稲荷さんを祀る豊川稲荷では、ウカノミタマ神は、仏教の荼枳尼天《だきにてん》と同一視されています。

この荼枳尼天が狐を使いとしているので、ウカノミタマ神と狐が結び付いたのではないかとも考えられるのです。

ウカノミタマ神は穀物の神様ですので、そのご利益は五穀豊穣ですが、中世から近世にかけて武家や商家の屋敷神としても勧請され、商工業繁栄をはじめ、家内安全や交通安全、火除け・厄除けなど様々なご利益があるとされるようになりました。

ビルの屋上や個人の家の庭など、身近な場所にあって私たちを守ってくださるお稲荷さんは、お願いごともこだわらず、何でも引き受けてくださる懐の広い神様といえるでしょう。

【主なご利益】……五穀豊穣、諸産業繁栄、諸芸上達
【主な神社】……伏見稲荷大社(京都府)、笠間稲荷神社(茨城県)、祐徳稲荷神社(佐賀県)

勝負に勝てる！

◉はちまんしん

八幡神──八幡宮

日本で最も多い神社の祭神は、一体どんな神様？

【異称】……………応神天皇、誉田別尊、品陀和気命

❖──八幡神は応神天皇？

八幡宮《はちまんぐう》は、八幡神を祀る神社のことで、八幡神社とも呼ばれています。

神社本庁の統計によると、その数は全国に二万五千社余。あらゆる自治体に必ず一社はあるほど馴染《なじ》みが深く、八幡神は「八幡さま」と呼ばれて親しまれています。地元の八幡さまのお祭りに行った思い出がある人も少なくないでしょう。

それほど身近な存在である八幡神ですが、実は、『古事記』や『日本書紀』にも登場せず、その正体ははっきりしていません。多くの神様は神話や記紀などにその名が見えるのですが、八幡神は全くその名が見えないのです。

では、八幡さまとは誰なのでしょう？

八幡宮の総本宮は大分県の宇佐《うさ》神宮で、この宮は八幡信仰の発祥地でもあります。

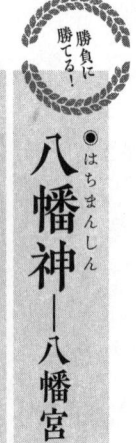

▲八幡信仰の起源となった大分県宇佐市の宇佐神宮。風格のある楼門が参拝者を迎えます。

伝承では、欽明《きんめい》天皇三十二年（五七一）、宇佐の地に三歳の童子として現われ、誉田《ほんだの》天皇《すめらみこと》（応神《おうじん》天皇）広幡《ひろはた》八幡麻呂《まろ》であると名乗ったとされ、のちに聖武《しょうむ》天皇の勅願《ちょくがん》によって宇佐の地に祀られたのが始まりだとされています。

ここから、八幡神は応神天皇とされ、その母・神功《じんぐう》皇后らと共に祀られるようになりました。

また、もともとは在地の豪族である宇佐氏が奉じていた神ともいわれますが、その正体は謎に包まれています。

謎多き八幡神ですが、奈良時代になって突如、歴史の表舞台に姿を現わします。延《えん》暦《りゃく》十六年（七九七）に完成した『続日本《しょくにほん》紀《ぎ》』には、天平《てんぴょう》九年（七三七）に大和朝廷が朝鮮半島の新羅《しらぎ》に使節を派遣した際、新羅が使節の受け入れを拒否したため両国の間に緊張が走り、朝廷が伊勢神宮や大神神社など各地の有力な神社に幣帛《へいはく》を奉り、この出来事を報告したと記されています。その神社の名前のなかに八幡宮が含まれていたのです。

さらに天平十二年（七四〇）、大宰少弐《だざいのしょうに》の藤原広嗣《ふじわらのひろつぐ》が反乱を起こした時にも、朝廷は八幡宮に戦勝を祈願していますし、東大寺大仏造営事業では、八幡神が神々を代表して協力することを誓い、託宣を下して上京したこともあります。この東大寺大仏造営事業にまつわる逸話から、八幡神は神仏習合の先駆的立場の神様だったことがうかがえます。

❖——国家の一大事で大活躍し、源氏の守護神に

八幡神の活躍は、まだまだ続きます。

養老《ようろう》四年（七二〇）には隼人《はやと》の乱の鎮圧に貢献したかと思えば、神護景雲《じんごけいうん》三年（七六九）には国家の命運に関わる出来事を託宣によって暴き出します。称徳《しょうとく》天皇の寵愛を受け、皇位を狙った僧・道鏡《どうきょう》の陰謀を、和気清麻呂《わけのきよまろ》に託宣を授けて阻止したの

です。

大仏建立といい、道鏡事件の託宣といい、国家の命運を左右する重大な事件に次々と関わったのですから、八幡神がいかに当時の朝廷に大きな影響力を持っていたかがわかります。

こうした功績により、八幡神はアマテラス大神と並ぶ皇室の宗廟神《そうびょうしん》としての地位を築いたのです。

さらに、平安時代後期になると、源氏《げんじ》の棟梁・源頼義《みなもとのよりよし》の子・義家《よしいえ》が石清水《いわしみず》八幡宮で元服したのを契機に、八幡神は源氏の氏神となりました。

やがて源頼朝《よりとも》によって鎌倉幕府が開かれると、各地に赴任する地頭《じとう》によって全国へ勧請《かんじょう》されていきます。

こうして八幡神を祀る神社が全国に爆発的に増えていったのです。

八幡神は武運長久、勝利祈願、出世開運などが主なご利益といわれています。

【主なご利益】……国家鎮護、殖産興業、勝運招来、出世開運
【主な神社】……宇佐神宮（大分県）、鶴岡八幡宮（神奈川県）、石清水八幡宮（京都府）

文章がうまくなる！

◉住吉三神《すみよしさんしん》——住吉大社

（底筒男神《そこつつのおのかみ》・中筒男神《なかつつのおのかみ》・上筒男神《うわつつのおのかみ》）

イザナキの禊によって水中に誕生した航海の守護神

【異称】……底筒男神＝底筒之男命、中筒男神＝中筒之男命、上筒男神＝上筒之男命

❖——神功皇后の遠征を助けた住吉の神

住吉三神は、黄泉国から地上に戻ったイザナキ命が禊を行なった時に浸かった水のなかから誕生した神で、『古事記』では水底からソコツツノオ神、水中からナカツツノオ神、水面からウワツツノオ神の三神が現われたとされています。

住吉三神は、神功《じんぐう》皇后の新羅遠征の際に大きな恩恵を日本にもたらしました。「西方に金銀財宝の豊かな土地があるので、それを服属させて与えよう」と託宣し、朝鮮半島への遠征を促したのです。神功皇后がこれに従って軍船を率いて朝鮮半島に向かうと、強い追い風が吹き、船が立てた波は新羅国へ押し上がって国のなかほどにまで達し、神功皇后は戦わずして新羅を降伏させることに成功したのです。

神功皇后は、帰国後、摂津《せっつ》の住吉の地に住吉三神を祀りました。これが住吉大社の起こりです。三神が水のなかから誕生したことや神功皇后を無事に朝鮮まで渡らせたことなどから、海上安全の守護神として崇められ、遣唐使《けんとうし》が派遣される際には、安全と旅の成功を願って、住吉大社への奉幣祈願が必ず行なわれていました。現在も、海上安全や漁業、海運、貿易、造船などの守護、さらには陸上交通や航空安全などにご利益があるとされ、イザナキ命の禊によって出現したことから、禊祓《みそぎはらえ》を司る神様としても信仰されています。

さらに、住吉大社は、和歌の神様としても崇拝されています。住吉の地は、古くは神社近くまで波打ち際が迫っていて、白砂青松《はくさせいしょう》の風光明媚《ふうこうめいび》な場所だったために、『万《まん》葉集《ようしゅう》』や『古今和歌集』などの歌集に数多く歌が詠まれました。『源氏物語』でも、光源氏が参詣に訪れて和歌を詠む描写が見られます。そのため、歌道を志して参拝する人が多く、和歌の神様とも呼ばれるようになったのです。

【主なご利益】……海上安全、漁業守護、貿易守護、文芸上達
【主な神社】……住吉大社（大阪府）、香椎宮（福岡県）

試験に合格する！

菅原道真《すがわらのみちざね》――天満宮

恐ろしい雷神から学問の神様へ大転身した平安の御霊

【異称】……………………天神

学問の神様といえば、誰もが菅原道真公を思い浮かべることでしょう。受験シーズンともなれば、道真公が祀られている天満宮《てんまんぐう》には多くの人が訪れ、合格祈願を行なっています。

❖――出世しすぎたためにねたまれた学問の神

しかし、道真公が神様として祀られるようになったきっかけは、都で続いた皇族の死や清涼殿《せいりょうでん》への落雷といった災厄を、都の人々が道真公の怨霊によるものと捉え、これを鎮めるために京都の北野に天満宮を建てたことなのです。

道真公は、幼少の頃から非常に学問に優れた人物で、本来政界での出世を望めない学者の家柄の出身であったにもかかわらず、異例の出世を果たしました。道真の秀才ぶりは早くから有名で、十一歳にして「月の夜に梅花を見る」という詩を創作し、十八歳という若さで、文章生《もんじょうしょう》の試験に合格。そのなかでさらに優秀な者が選ばれる文章得業生《もんじょうとくごうしょう》に抜擢され、二十六歳の時には当時、最難関の国家試験だった「方略《ほうりゃく》試《しき》」にも合格しました。まさに学問の神様の面目躍如といえる業績です。同年、下《しも》野権少掾《つけごんのしょうじょう》に任ぜられたのを皮切りに頭角を現わしていく道真を評価した宇多《うだ》天皇は、寛平《かんぴょう》五年（八九三）、道真を参議に起用して国政に参加させました。

しかし、この出世を快く思わない人物がいました。藤原時平《ときひら》です。当時、朝廷内では藤原氏が勢力を伸ばし、専制体制が固まりつつありました。そうしたなかで、藤原一族でもない道真公が重用されることは邪魔以外の何物でもありません。ところが、時平のそんな思いをよそに、道真公はさらに出世し、次の醍醐《だいご》天皇の時代である昌泰《しょうたい》二年（八九九）、ついに右大臣にまで昇りつめました。この時、時平も左大臣となっており、道真は政権のツートップとして時平と並び立つこととなります。

ますます道真公を疎《うと》んだ時平は、道真を失脚させるための策を講じました。道真が醍醐天皇に対して陰謀を企んでいると讒言《ざんげん》したのです。

その結果、道真公は大宰権帥《だざいごんのそち》として九州へ左遷されてしまいました。道真はこれを悲しみ、失意のうちに二年後の延喜《えんぎ》三年（九〇三）、赴任先の九州でこの世を去ります。五十九歳でした。

京の都で、次々と事件が起き始めたのは、その後、間もなくのことです。道真の左遷に関与した藤原菅根《すがね》、時平が相次いで病死し、皇太子・保明《やすあきら》親王が二十一歳という若さでこの世を去ってしまいます。巷では疫病が流行り、天変地異も頻発しました。ついには貴族たちが合議を行なっていた清涼殿に雷が落ち、数人が即死したのです。凄惨な事件に震え上がった都の人々は、これらはすべて、非業《ひごう》の死を遂げた道真の怨念のせいだと考えるようになりました。

❖――託宣により誕生した北野天満宮

天慶《てんぎょう》五年（九四二）、道真の霊が京の都に暮らす女性の前に現われ、自らの宅跡の北野馬場に祠《ほこら》を建てよという託宣を下し、その場所に小さな祠が建てられました。

この祠は、後に藤原氏によって立派な社殿に建て替えられ、北野天満宮が誕生しました。

一方、道真の遺骸が埋められた場所にも、その霊を慰めるための社殿が建てられました。これが太宰府天満宮です。

当初は祟神《たたりがみ》と恐れられた道真ですが、怨念は鎮められ、やがて人々のイメージのなかで、道真は聡明で知識豊富な人物だったという印象のほうが強くなっていきました。

こうして、道真は学問の神様、天神様として崇められるようになったのです。

天神様は江戸時代になると寺子屋《てらこや》に書道の神、手習いの神として祀られ、やがて近代の学校教育が始まって受験が重要な意味を持つようになると、受験の神様として信仰を集めるようになります。

道真は、京を離れる時、庭に植えてあった梅の木との別れを惜しみ、「東風《こち》吹かば匂ひおこせよ梅の花　主《あるじ》なしとて春な忘れそ」という歌を詠みました。すると、梅の木が、道真が大宰府に着くと一夜のうちに道真のもとへ飛んでいったという「飛梅伝説」も知られています。ここから、天満宮は梅の名所ともなりました。

さらにこの歌の素晴らしさから、天神様は和歌の神様としても信仰を集めています。学問の神様は、芸術面でも才能を発揮した多芸多才の人物だったのです。

【主なご利益】……試験合格、学業成就
【主な神社】……太宰府天満宮（福岡県）、北野天満宮（京都府）、大阪天満宮（大阪府）

〈神様に尋ねたい素朴なギモン〉

なぜ日本には八百万もの神様がいるの？

「神様」といえば、キリスト教、イスラム教などでは、唯一絶対の存在です。

ところが日本には八百万と形容される多くの神々が存在します。「八百万」といっても実際に800万柱いるわけではなく、「限りなく多い」ことを表わす言葉ですが、日本最古の正史である『日本書紀』だけでも、イザナキ命とイザナミ命に代表される原初の神々に始まり、アマテラス大神やスサノオ命、オオクニヌシ神など、計181柱の神様が登場しています。

さらに八幡様やお稲荷さんなど民間信仰から生まれた神様もいれば、徳川家康や菅原道真など、元人間の神様もいます。さらに国内に約8万社あるとされる神社に祀られる神々を含めると、その数は膨大なものとなります。

一体なぜこれほどまでに神様の数が多いのでしょう。

それは古来日本人が、この世に存在する万物すべてに神様が宿ると信じ、敬ってきたからでしょう。

動植物、山や川などの自然は言うに及ばず、雨や雷などの自然現象にも神の存在を認め、崇め奉ってきたのです。そうした神々は自然の恵みをもたらす一方、荒ぶる一面を見せれば天変地異や疫病などの災いをもたらすとされました。そこで人々は、豊作や個人の願いを託す一方、災いを避けるために神様を祀った結果、多種多様な神様が存在するようになったのです。

第二章 ◉ 天の神様

高天原に現われた原初の神様と、皇室につながる
アマテラス大神の子孫たちの来歴を知る！

願いごとがかなう!

◉天之御中主神《あめのみなかぬしのかみ》

天地創生の最初に登場した宇宙の根源神

【異称】……天之御中主命、妙見菩薩

❖——妙見信仰によってご利益が増加？

アメノミナカヌシ神《のかみ》は、タカミムスヒ神（高皇産霊尊）、カムムスヒ神（神皇産霊尊）と共に「造化三神《ぞうかさんしん》」と呼ばれています。

造化三神とは、天地の初めに成った三柱の神様のことで、『古事記《こじき》』冒頭の天地初《しょ》発《はっ》神話の最初に「天地初めて発《おこ》りし時に、高天原《たかあまのはら》に成りませる神の名は、天之御中主神」という記述があることから、造化三神のなかでも、アメノミナカヌシ神が筆頭であることがわかります。「天」は「宇宙」、「中」は中心、「主」は主人、主君という意味ですので、宇宙の中央に存在する最高神ということになります。天の中央にあって高天原の主宰神とされ、すべてを司る神とされることもあります。

しかし、アメノミナカヌシ神はその後神話のなかからパッタリと姿を消してしまいます。『古事記』や『日本書紀《にほんしょき》』で活躍することもなく、『伊勢国風土記《いせのくにふどき》』（逸文《いつぶん》）で神武東征を助けた天日別命《あめのひわけのみこと》の祖として名前が見える程度でしかありません。その理由は、国家成立の物語として日本神話の形を整える際に「始まりの神様」が必要となり、アメノミナカヌシ神が後から付け加えられたからではないかといわれています。実際、『日本書紀』の本文では「国常立尊《くにのとこたちのみこと》」が最初の神として記されています。

そのため、アメノミナカヌシ神は当初信仰の世界では活躍の場がなかったのですが、仏教と共に中国の北極星信仰が日本に入ってきたことで風向きが変わりました。北極星信仰とは、見た目に動かず、常に天の中心にある北極星を最高神として信仰する宗教です。日本の「天の中心」といえばアメノミナカヌシ神ですから、この二つが重ねられ、アメノミナカヌシ神＝北極星とされたのです。さらに、仏教で北極星を神格化した存在が妙見《みょうけん》菩薩であることから、妙見菩薩とも重ねられる結果になり、安産や長寿、招福をかなえ、また農業の守護神として崇拝されるようになりました。

【主なご利益】……五穀豊穣、商売繁盛、大願成就
【主な神社】……四柱神社（長野県）、岡太神社（兵庫県）、八代神社（熊本県）

日々、平和に過ごせる！

国常立尊《くにのとこたちのみこと》

世界の始まりに誕生し、大地を神格化した国土の神様

【異称】……国之常立神

❖――『日本書紀』で最初に現われる国土の神様

『古事記』によると、天地の始まりの時にアメノミナカヌシ神、タカミムスヒ神、カムムスヒ神という「造化三神」が成り、次にウマシアシカビヒコジ神（宇摩志阿斯訶備比古遅神）、アメノトコタチ神（天之常立神）の二神が出現したとあり、同書ではこの五柱の神を別天神《ことあまつかみ》としています。そして、次に生まれたのが、クニノトコタチ神とトヨクモノ神（豊雲野神）という二柱の神様です。

クニノトコタチ神が誕生した頃、まだ世界は定まった姿を持たない液状で、やっと天と地が分かれ、その境がある程度定まった状況だったといいます。そうした世界に誕生したクニノトコタチ神は、大地を神格化した存在として現われたのです。天を神格化したアメノトコタチ神と対になる神といえるでしょう。

一方、『日本書紀』では、クニノトコタチ神こそがこの世界に最初に姿を現わした神とされています。クニノトコタチ神は、生命現象が営まれる国土や大地の永遠性を象徴し、日本の神々の最高位に属する神様なのです。

神道の諸派のなかでも、吉田神道や伊勢神道は、クニノトコタチ神を非常に重要な神様として位置付けています。とくに代々宮廷の神祇官の家筋である京都の吉田家伝来の神道説にもとづく神道流派のひとつである吉田神道では、クニノトコタチ神を宇宙の太元尊神であるとして、八百万の神々の中心に置いているのです。

また、伊勢神宮（外宮）に基礎を置いて形成された伊勢神道では、クニノトコタチ神を宇宙の根源神と位置付けており、外宮《げくう》の祭神である「御饌都神《みけつかみ》」と同神としています。つまり、アマテラス大神を助け、共に天下を治めている神様の一柱ということになります。そのご利益は、大地の根源神であるという性格から、国土安穏、出世成功、開運招福などとされています。

【主なご利益】……国土安穏、出世成功、開運招福
【主な神社】……日枝神社（東京都）、大鳥神社（東京都）、玉置神社（奈良県）

健康になれる！

高皇産霊尊

◉たかみむすひのみこと

八百万の神の司令塔としてアマテラス大神と共に皇室を導く神様

【異称】……高御産巣日神、高木神

❖──アマテラス大神を支える高天原の司令神

タカミムスヒ神は、『古事記』の冒頭に現われる造化三神の一柱「高御産巣日神」で、アメノミナカヌシ神に続き、二番目に出現した神様です。「ムス」は生ずる、生成するという意味で、「ヒ」は神霊の意味ですので、偉大で神聖な生成の霊力を持つ神様ということになります。別称は高木神《たかぎのかみ》で、その名からも草木植物の生成、さらには農耕の成就を司っていた神であることがわかります。

アメノミナカヌシ神は活躍しないまますぐに隠れてしまいましたが、タカミムスヒ神はアマテラス大神と並ぶ高天原の中心神的存在として『古事記』や『日本書紀』に頻繁に現われます。アマテラス大神と共に国譲りの交渉やニニギ命の天孫降臨《てんそんこうりん》（一二六頁）を指示したり、タカクラジ（高倉下）という人物に剣を与えて熊野で危機に陥ったカムヤマトイワレビコ命（神武天皇）一行を助けるように計らい、『古事記』では八咫烏《やたがらす》を遣わし道案内をさせたりと、司令神としての役割を果たしているのです。

タカミムスヒ神の子供たちも、大いに活躍しています。アマテラス大神が天岩戸に隠れてしまった際、なんとか姿を現わしてくれるよう策を練ったオモイカネ神（思兼神）は、タカミムスヒ神の御子神ですし、国譲りの後、葦原中国《あしはらのなかつくに》に降ったニニギ命は、アマテラス大神の子・アメノオシホミミ命と、タカミムスヒ神の娘・ヨロズハタトヨアキツシヒメ命（万幡豊秋津師比売命）との間に生まれた御子神なのです。タカミムスヒ神とその系統は、代々アマテラス大神を支えてきた神様といえるでしょう。

仏教伝来後、多くの神は神仏習合で仏様と重ね合わされていきますが、タカミムスヒ神はどの仏とも習合することなく現在に至っています。福島県の安達太良《あだたら》神社や長野県の四柱神社などに祀られており、その生成の力ゆえ、農耕守護や無病息災のご利益があるといわれ、律令《りつりょう》時代には天皇の玉体《ぎょくたい》を守る神とされました。

【主なご利益】……農耕守護、延命長寿、無病息災
【主な神社】……安達太良神社（福島県）、赤丸浅井神社（富山県）、四柱神社（長野県）

素敵な恋が見つかる！

伊弉冉尊

◉いざなみのみこと

夫イザナキ命と共に日本の国土と多くの神々を生み落とした女神

【異称】……………伊邪那美命、黄泉津大神

❖――イザナキ命と共に国土と神々を生む

『古事記』『日本書紀』で語られる、いわゆる記紀神話において、イザナミ命は、イザナキ命（伊弉諾尊）と共に天地創世神話の終わりに誕生しました。

この二柱の神は地上の世界を生成した神様としても有名です。『古事記』をもとにその様子をたどってみましょう。

形成されたばかりの地上世界は、まだ水に浮かぶ油のように漂っている状態で、大地はありませんでした。そこで、高天原の神々は、イザナキ命とイザナミ命に地上世界を作り上げるよう命じました。

まずふたりは、高天原と地上を結ぶ「天《あめ》の浮橋《うきはし》」に立ち、「天《あめ》の沼矛《ぬぼこ》」で潮を〝こおろこおろ〟とかき混ぜます。しばらくして矛を引き上げた時、矛の先から滴り落ち

▲イザナミ命の墓と伝わる熊野の花窟。

た潮が積もり積もって最初の陸地「オノゴロ島」が誕生しました。

イザナキ命とイザナミ命はその島に降り立ち国生みを始めます。その方法とはまぐわうこと。すなわち神々の交合によって日本の国土は生まれたのです。イザナミ命の「イザ」は誘うこと、「ミ」は女性を指す言葉。一方の「イザナキ」も「キ」が男性を指す言葉といわれます。共に年頃の男女が「誘う」ことを連想させる神名なのです。

こうして現在の淡路島《あわじしま》をはじめとして、四国、隠岐島《おきのしま》、九州、壱岐《いき》島、対馬《つしま》、佐渡島、本州が誕生。「大八島国《おおやしまぐに》」、すなわち日本列島が誕生するのです。

両神はその後も、海や川、木や山、風や

霧、家や港、食物に関連する様々な神を生みました。ところが、イザナミ命は火の神を産んだ時に女陰に大やけどを負い、それがもとでこの世を去ってしまいます。

イザナキ命は愛する妻を埋葬しました。その墓は、『古事記』では現在の島根県と鳥取県の県境にそびえる比婆山《ひばやま》とされますが、『日本書紀』では、熊野だといわれています。熊野には花窟《はなのいわや》と呼ばれる岩窟があり、これがイザナミ命の墓とされています。

❖――裏切りと決別を経て死を司る女神に

悲しみに暮れるイザナキ命は、イザナミ命を連れ戻すために黄泉国《よみのくに》へ向かいます。しかしイザナミ命は、すでに黄泉国の食べ物を食べ、元の国に戻れない身体になっていました。それでも、一緒に帰りたいというイザナキ命の熱意に打たれ、イザナミ命は「絶対に私の姿を見ないでください」と言い残して黄泉国の大神に相談に行きます。しかしイザナキ命は、約束を破ってイザナミ命の姿を見てしまうのです。それは、身体中にウジが湧き、八種の雷神を宿した醜い姿でした。あまりの恐ろしさに仰天したイザナキ命は、慌てて逃げ出します。

イザナキ命の裏切りを知ったイザナミ命は、醜いヨモツシコメや雷神、黄泉国の軍隊などに後を追わせます。イザナキ命は髪飾りや櫛《くし》の歯、桃の実などを投げて撃退しながら逃げのび、大岩で黄泉国の入口を塞ぎました。

最後に自ら追いかけてきたイザナミ命はこの大岩を挟んで、イザナキ命と言い合いをしました。ここでイザナミ命は、「地上の人間を一日に千人殺します」と宣言。するとイザナキ命は、「それなら一日に千五百人の子を産ませよう」と応じました。この言葉を最後に、堅い絆で結ばれていた二人は永遠の決別をしました。

同時にこのやりとりから地上には徐々に人が増えていくことになりました。一方でイザナミ命は黄《よ》泉《も》津《つ》大神《おおかみ》と呼ばれ崇敬されるようになります。

波乱の生涯を送ったイザナミ命は、様々なものを生み出した母なる神ですので、縁結びなどにご利益があるとされ、さらに見事に国を生み出したことから、事業成功にも霊験があるとされています。また、黄泉国に至って死を司る神となったことから、寿命を司る神ともされ、延命長寿のご利益があるともされています。

【主なご利益】……延命長寿、縁結び、事業成功

【主な神社】……筑波山神社（茨城県）、神魂神社（島根県）、多賀大社（滋賀県）

素敵な恋が見つかる！

伊弉諾尊

◉いざなきのみこと

妻イザナミを追って黄泉国を訪問し、三貴子を生み出した日本の祖神

【異称】……伊邪那岐命

❖――阿波岐原での禊でさらに多くの神を生む

イザナキ命は、イザナミ命とともに国生みと神生みを行なった神様です。二柱の神は初めて夫婦になり、国土を作り、多くの神様を生み出して、この世界に様々なものをもたらしたのです。ところが、イザナミ命は火の神を産んだことで神去り《かむさ》（死ぬこと）、黄泉国訪問を経てイザナキ命は妻のイザナミ命と永遠の別離を交わすこととなりました。

黄泉国から戻ったイザナキ命は、黄泉国の穢《けが》れを清めるために、日向国《ひむかのくに》の橘《たちばな》の小門《おど》へ向かい、阿波岐原《あわきはら》の清浄な水で禊《みそぎ》を行ないました。その際に脱ぎ捨てた衣服や洗い落とした汚れのなかから何柱もの神が現われ、最後に左目を洗うとアマテラス大神が、右目を洗うとツクヨミ命が、鼻を洗うとスサノオ命が誕生します。三貴子《さんきし》（三柱

▲『丹後国風土記』（逸文）によると、日本三景のひとつ天橋立は、イザナキ命がイザナミ命に会うために設けた梯子が倒れたものとされます。

の尊い神）と呼ばれるこれらの神の誕生を大いに喜んだイザナキ命は、アマテラス大神に高天原を、ツクヨミ命に夜食国《よるのおすくに》を、スサノオ命に海原《うなばら》を治めるよう命じます。こうしてイザナキ命は、黄泉津大神となったイザナミ命とは対照的に、地上世界の大神となる運命を背負いました。

　イザナキ命は、イザナミ命と共に地上の世界の様々なものを生み出したことから、ご利益はイザナミ命同様、延命長寿や縁結び、事業成功などとされています。

【主なご利益】……延命長寿、縁結び、事業成功

【主な神社】……多賀大社（滋賀県）、伊弉諾神宮（兵庫県）、江田神社（宮崎県）

風の害を避ける！

級長津彦命《しなつひこのみこと》

作物の出来不出来を左右し、風の通り道に祀られた防風の神

【異称】……………志那都比古神

❖――神の息を象徴する風の神

『古事記』において国土を生み終えたイザナキ命とイザナミ命は、その後、住居の神、風の神、海の神など様々な神様を生み出しました。

『古事記』ではふたりの間に三十五柱の神が生まれていますが、十一番目に生まれたのが風の神・シナツヒコ命でした。この神様は、『日本書紀』一書《あるふみ》では「級長津彦命」という名前で登場し、イザナキ命・イザナミ命が国を生んだ際に、ただ朝霧があるばかりだったので、その朝霧を吹き払った息から誕生した神だとしています。

『古事記』と『日本書紀』では微妙に記述が違いますが、シナツヒコ命が風の神という点は共通しています。「シナ」は息が長いという意味で、「ヒコ」は男性を表わす言葉です。古代の人々は、風は神の息から起こるものと考えていたことがこの名からう

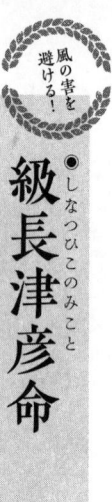

かがえます。

奈良県の龍田《たった》大社では、アメノミハシラ神・クニノミハシラ神の名で、シナツヒコ命をお祀りしています。約千二百年前、第十代崇神《すじん》天皇の時代に国内に凶作や疫病が流行した際、アメノミハシラ神・クニノミハシラ命を龍田山に祀るべしという託宣によって創始されたのが、龍田大社です。その後、天武天皇の時代に、龍田の地に風の神を祀らせたという記述があり、以後、この神社においてのみ、アメノミハシラ神がシナツヒコの別名を持つ風の神となりました。

風の神様であるシナツヒコ命が祀られる神社のひとつに、奈良県御所市《ごせし》の風の森峠にある風の森神社があります。この付近は東西に山地がそびえ、時折強風が吹き荒れる場所です。つまり、シナツヒコ命は、風の通り道になる場所に祀られているのです。ここに建てられた小さな祠《ほこら》は風がもたらす害を防ぎ、五穀の実りを促す豊穣の神様として崇拝されています。

【主なご利益】……風害除け
【主な神社】……風の森神社（奈良県）、伊勢神宮風日祈宮（三重県）、志奈尾神社（鹿児島県）

火事に遭わない！

◉軻遇突智《かぐつち》

火防のご利益で知られる母イザナミ命を焼いた神

【異称】……火之迦具土神、火之炫毘古神、火之夜芸速男神、火産霊

❖——母を焼き、父に殺された神

カグツチは火を象徴する神様で、またの名を「火之夜芸速男神《ひのやぎはやがのかみ》」、「火之炫毘古神《ひのかがびこのかみ》」ともいいます。「カガ」、「カグ」は「光り輝く」の意で、火が燃える様、「ヤギ」は「焼き」、ハヤは「速く」で火が燃え盛る様子を表わしています。

『古事記』によると、カグツチはイザナキ命とイザナミ命の間に生まれた最後の神様です。なぜならイザナミ命はこの子を産んだ時、陰部を火傷し、それがもとで亡くなってしまったからです。

この死を嘆き悲しんだイザナキ命は、カグツチを斬り殺しました。するとその血からは雷神や水神が生まれ、死体からは山の神が次々と生まれています。

カグツチの母神を死に追いやり、自らも破壊されながら多くの神々を生み出すとい

▲カグツチを祀る静岡県春野町の秋葉山本宮秋葉神社。

う性格の背景には、古代の人々が火に対して抱いていた思いがあります。

古代の人々は、火がすべてを焼き尽くす破壊の力を持つと同時に、土器や鏡、鉄器など、多くのものを生み出す生成力があることを知っていました。

そのためあらゆるものを焼き尽くす火の力を恐れる一方で、必要不可欠なものとみなし、火を制御して操る力を求めたのです。この破壊と生成を司る火への思いに裏打ちされた神が、カグツチだったのでしょう。

この両面性はカグツチの祀られ方にも表われています。

平安時代中期に編纂された律令の施行細則『延喜式《えんぎしき》』の祝詞《のりと》のなかでは、母神がカグッチを「心悪しき子」と呼び、この荒ぶる神を鎮めるために水や川菜を用いよと語ったと記されています。一方で火を操る火の神を祀ることで、火災を防いでもらいたいという思いから、カグツチは火防の神様としても信仰されるようになりました。

❖――「火の舞」を捧げられる火防の神様

火防の神社としては静岡の秋葉神社と京都の愛宕《あたご》神社が有名で、どちらも全国にいくつもの社があります。

このうちカグツチは秋葉神社の主祭神で、毎年十二月に、火防を祈願して神職が大松明《たいまつ》を持って「火の舞」を舞う火祭りが行なわれ、火の神としての性格を今に伝えています。

愛宕神社の主祭神はカグツチに焼かれたイザナミ命で、若宮にカグツチが祀られています。

なお、カグツチが斬り殺された後、その剣についた血からはイワツツノオ神（石筒之男神）などが、死体からはマサカヤマツミ神（正鹿山津見神）、トヤマツミ神（戸山津見神）など山に関わる神々が生み出されました。さらにカグツチの血や遺体から

▲若宮においてカグツチを防火の神として祀る愛宕神社。

鉱山、農業、工業など生産に関わる神が生まれているため、カグツチは火を鎮める神から一転、金運や福を招くというご利益でも信仰を集めるようになります。

また、陶器も火で焼かれる焼き物のため、カグツチは陶器の神様としても崇拝されています。各地の陶器の産地には陶器神社があり、カグツチはそれらの祭神にもなりました。

今も昔も火は恐ろしいものでありながら、人々の生活には欠かせない大切で身近な存在です。その二面性を端的に表わす神様といえるでしょう。

【主なご利益】……火災除け、郷土守護
【主な神社】……愛宕神社（京都府）、秋葉山本宮秋葉神社（静岡県）

金属加工業を守ってくれる！

金山彦神《かなやまびこのかみ》

イザナミの苦しみから生まれ出た包丁の神様

【異称】……………金山毘古神・金山毘売神

❖――金属産業の発展のご神徳

『日本書紀』一書《あるふみ》に登場するカナヤマビコは、『古事記』では、カナヤマビコ神（金山毘古神）、カナヤマビメ神（金山毘売神）の夫婦神として登場します。この二柱の神は、火の神カグツチを産んで陰部を焼かれたイザナミ命が、熱さのあまり悶えて吐いた嘔吐《おうと》物から誕生しました。嘔吐物が火で溶けた金属と似ているためか、もとは鉱山の神とみなされていたようですが、やがて精錬の過程が付け加えられて金物の神、鍛冶《かじ》の神、鋳物《いもの》の神としての性格も加わり、さらに生活に欠かせない包丁の神、金具の神としても信仰されるようになりました。全国の金山神社の総本社である岐阜県垂井町の南宮《なんぐう》大社には、『日本書紀』にある神武東征の際、金色の鳶《とび》を飛ばして敵を動揺させ、カムヤマトイワレビコ命（神日本磐余彦命）を勝利に導いたのはカナヤマビ

▲カナヤマビコ神を祭神とし、古くから鍛冶屋の崇敬を集めてきた南宮大社。

コであるという伝承が残されています。

武士の世となった中世以降は、武器の守り神としても崇拝されるようになりました。

カナヤマビコを祀る南宮大社では、毎年十一月八日に「ふいご祭」と呼ばれる金山祭が行なわれます。祭神が現在の南宮山の麓へ遷った十一月九日にちなんだ鎮座祭で、八日に行なわれるのは神迎えの神事の意味からでしょう。金物の神様らしく、古式ゆかしい刀匠による鍛錬式が行なわれ、全国から訪れる鉱山・金属に関わる人々が一年の作業の無事と金属産業の発展を祈ります。

【主なご利益】……金属加工業の守護、金運上昇
【主な神社】……南宮大社(岐阜県)

陶芸がうまくなる！

埴安神《はにやすのかみ》

陶磁器・祭具の神として祀られた土の神様

【異称】……波邇夜須毘古神・波邇夜須毘売神

❖土に関わる産業の人々が参拝

ハニヤス神は、『古事記』においてイザナミ命が火の神であるカグツチを産んでやけどをした時、出した大便から誕生したハニヤスビコ神（波迩夜須毘古神）とハニヤスビメ神（波迩夜須毘売神）を合わせた夫婦神です。

名前の「はに」は赤土の土を表わす古語で、「やす」は水を加えて粘りを出すという意味。つまり土器や瓦の材料となる粘土のことを表わしています。「はに」は「ほに」の転訛《てんか》で、神聖な力を持つ「泥《に》」を意味しますから、「ハニヤス」とは、神に捧げる祭器を作るための尊い土を意味する名といえるでしょう。

神聖な土が呪力を持つという信仰は、古代日本に広く流布しており、『日本書紀』でも神武《じんむ》天皇が飛鳥《あすか》の香具山《かぐやま》の神社から土を持ち帰り、天平瓮《あまのひらへ》や厳瓮《いつへ》を作って戦勝を祈ったとあります。特に香具山の土は大和の国魂《くにたま》が籠る神聖な土とされており、敵の土地の土を得ることは、統治権をも奪うことを意味していたのです。

ハニヤス神は、農業の神様として豊作を願うご神徳で信仰されてきました。また、土と関わる信仰から、土を使う造園業、土木業、製陶業の分野でも大切な神様として崇拝されています。各地の神社でこの二柱の神様が祀られていますが、群馬県高崎市の榛名《はるな》神社ではハニヤマヒメ神が主祭神として祀られ、土木や製陶業に関係する人々が多く参詣しています。

『古事記』ではハニヤスヒコ神、ハニヤスヒメ神の後、尿から水の神が生まれ、その次に穀物の神が生まれました。この土と水と穀物の神の誕生という一連の神々の流れは、水稲の始まりを表わしたものといえます。さらにこれらの神々が農業にとって大事な肥料となる糞と尿から生まれたことも、ハニヤス神が大地と共に農耕を司る神であることを示しているといえるでしょう。

【主なご利益】……製陶業繁栄、開墾守護、土木業守護、五穀豊穣
【主な神社】……榛名神社（群馬県）、大井神社（静岡県）

安全な船旅ができる！

速秋津日命《はやあきつひのみこと》

イザナキ命とイザナミ命から生まれた河口を守る神様

【異称】……速秋津日子神・速秋津比売神、水戸神

❖――川と海を守り、穢れを祓う水の神

イザナキ命とイザナミ命は、国生みを終えた後に多くの神々を誕生させました。ハヤアキツヒ命はそのなかの一柱で、河口の神様です。

『日本書紀』では男女の分化をしていませんが、『古事記』では「速秋津日子神」と表記され、同じくイザナキ命とイザナミ命の間から誕生した「速秋津比売神」との夫婦神だとされています。「ハヤ」は勢いが速い、「アキ」は開け放つを意味します。

ハヤアキツヒコ神とハヤアキツヒメ神は、別名、水戸神《みなとのかみ》とも呼ばれます。水戸とは、川の河口や内海と外海の境をなしているところを表わします。つまりこの夫婦神は、河と海を分担して受け持っているのです。

ハヤアキツヒ命は東京都の水神社や隅田川神社、横浜市の水神社、淡路島の由良湊

▲河口の神であるハヤアキツヒ命を祀る隅田川神社。

神社など、水に関係する神社に祀られており、河川交通の安全や海運を守護する神様として信仰されています。ハヤアキツヒメについては、『延喜式』の大祓詞《おおはらえのことば》に、「荒《あら》塩《しお》の塩の八百道《やおじ》の、八塩路《やしおじ》の八百会《やおあい》に坐《ま》す速開都比咩《はやあきつひめ》という神待ちかか呑みてむ」とあり、まず塩は海水を表わし、海に流れ出た穢れを飲み込んでしまうとあります。流れてきた穢れを飲み込んでいるとあることから、ハヤアキツヒメ神は穢れを祓う性質もあるといわれています。

【主なご利益】……河川交通安全、海運守護
【主な神社】……水神社（東京都）、隅田川神社（東京都）、水神社（神奈川県）、由良湊神社（兵庫県）

願いごとがかなう！

高龗神《たかおかみのかみ》／闇龗神《くらおかみのかみ》

カグツチを殺した刀から生まれた雨乞いの神様

【異称】……………闇淤加美神

❖――謎多き渓流の神々

イザナミ命が火の神カグツチを産み落として神去った時、怒ったイザナキ命はカグツチを斬り殺してしまいます。この時誕生した神様の一柱がタカオカミ神です。『日本書紀』一書《あるふみ》第七には、カグツチを三つに斬った時に、ひとつが雷の神、ひとつがオオヤマツミ神、もうひとつがタカオカミ神になったとあります。また、同じく一書第六と『古事記』では、柄からこぼれた血からクラオカミ神（闇淤加美神）が生じたとあり、タカオカミ神とクラオカミ神は一対の神格、もしくは同じ神格だと考えられています。貴船《きぶね》神社の社伝でも「呼び名は違っても同じ神なり」と記されています。

高い山の峯にあって雨を司るタカオカミ神と谷底に宿るクラオカミ神は水神で、古くから雨乞いの神様として信仰されてきました。その代表が京都・鴨川の水源地に鎮

▲燈籠が建ち並ぶ貴船神社の参道。同社は古くから願いをかなえる神として信仰され、丑の刻参りも行なわれます。

座する貴船神社で、この神社の貴船神と呼ばれる祭神がタカオカミ神（クラオカミ神）なのです。日照りや豪雨が続くと、歴代の皇室から祈雨・止雨の御祈願があったほどで、その効果は絶大だと信じられてきました。

貴船神社の「きふね」は、万物のエネルギーである「氣」が生ずる根源の地で、「氣生根」とも表記し、運気隆昌や心願成就のご利益もあるといわれています。

【主なご利益】……水害守護、航海安全、心願成就、防火守護、天候祈願、五穀豊穣、運気隆昌

【主な神社】……貴船神社（京都府）、丹生川上神社下社（奈良県）

心が強くなる!

◉武甕槌神《たけみかづちのかみ》

タケミナカタを破り、国譲りを実現に導いた雄壮なる武神

【異称】……建御雷之男神、武甕槌神、建甕雷神、建布都神

❖——国土平定に活躍した力強き神様

タケミカヅチ神は、イザナキ命が火の神・カグツチを斬った際の血から生まれた神々の一柱で、『古事記』では「建御雷之男神」と表記され、古来、武神・軍神として信仰されてきました。

タケミカヅチ神が大活躍するのは、いわゆる国譲りの物語の時です。オオクニヌシ神に国譲りを促すべく、アマテラス大神は葦原中国へ様々な神様を派遣しましたが、なかなかうまくいきませんでした。そこで相談の上、切り札として派遣されたのがタケミカヅチ神だったのです。

出雲国の伊那佐之小浜《いなさのおばま》に降り立ったタケミカヅチ神は、波の間に十拳剣《とつかのつるぎ》を逆さまに刺し立て、その剣先に胡坐《あぐら》を組んで座り、オオクニヌシ神に国譲りを迫りました。

オオクニヌシ神の子コトシロヌシ神はこれを承諾しましたが、『古事記』ではこのあと、別の息子のタケミナカタ神が異を唱えます。そこでタケミカヅチ神はタケミナカタ神と力比べをし、見事に勝利し、国譲りに同意させました。

タケミカヅチ神は『日本書紀』に記された神武東征でも、大きな貢献をしています。カムヤマトイワレビコ（神武天皇）の一行は、大和入り前に紀伊半島南部の熊野に上陸した際、悪神の毒気によって動けなくなってしまいました。この時、タケミカヅチ神が自分の代理として布都御魂《ふつのみたま》という剣を神武天皇に授けると、悪神は倒れ、寝込んでいた兵士たちも起き上がったといわれます。

❖春日大社の祭神となり一気に全国区の有力神に

神話の世界で武神として活躍するタケミカヅチ神ですが、神名からうかがえるように、本来は雷神の性格を持っています。天にあってゴロゴロと鳴り、閃光を発して地上を襲うイメージが、切り裂く剣のイメージと重なったのでしょう。神武天皇によって皇紀元年に鹿島の地に勅祭されたといわれ、これが鹿島《かしま》神宮の始まりです。

その後しばらくは、中臣氏《なかとみし》に奉じられる常総地方の土着神だったのですが、およそ一三〇〇年前、一気に全国区の有力神となりました。平城京遷都後の神護景雲《じんごけいうん》二年（七六八）、中臣氏の血を引く有力貴族・藤原不比等《ふじわらのふひと》が氏神である春日大社にタケミカヅチ神の分霊を招いたのです。これによりタケミカヅチ神は中央権力と結び付き、一気に信仰が広がりました。奈良・平安時代には国家の守護神として篤く信仰され、中世以降は源頼朝《みなもとのよりとも》や徳川家康など、武将からの崇拝を集め、タケミカヅチ神はますます地位を高めていきます。

一方で近世には鹿島神宮に伝わる要石《かなめいし》との関係から、地震の原因となるナマズを押さえ込む神としても信仰されるようになります。要石とは大部分が地中に埋まった霊石で、鹿島神宮と香取《かとり》神宮に伝わっています。特に安政《あんせい》大地震の後は、その姿を描いた「ナマズ絵」が江戸で大流行し、庶民の不安を取り除く役割を果たしました。

タケミカヅチ神を祀る神社は関東・東北地方を中心に九百十八社にも上り、武道、競技や旅行安全、五穀豊穣、殖産興業、豊漁、航海安全などのご利益が有名です。

【主なご利益】……武道守護、国家守護、病気平癒
【主な神社】……鹿島神宮（茨城県）、春日大社（奈良県）、枚岡神社（大阪府）

夫婦喧嘩が収まる！

菊理媛神
◉くくりひめのかみ

イザナキ命・イザナミ命の喧嘩を仲裁した、夫婦の間を取り持つ謎多き神

【異称】……白山比咩大神、白山媛命

❖ ちょい役でも果たした役割は大きい白山比咩神社の主祭神

石川県白山市には、全国三千の白山《はくさん》神社の総本社・白山比咩《しらやまひめ》神社があります。その創建は崇神《すじん》天皇七年（紀元前九一）といわれ歴史のある神社です。

白山は、富士山、立山と並ぶ日本三大霊山に数えられ、古くから神の宿りし山と崇められてきました。さらに、養老《ようろう》元年（七一七）に修験道《しゅげんどう》の僧である泰澄《たいちょう》が白山に登拝したことをきっかけに、白山比咩神社は修験道の拠点となり、中世には源氏や北条氏といった武士の崇拝を受けるようになります。

その歴史ある白山比咩神社の主祭神がククリヒメ神です。白山比咩神社にはイザナキ命とイザナミ命も祭神として祀られています。この有名な二柱の神様と共に祀られ、しかも主祭神なのですから、かなりスゴい神様に違いありません。

ところが、実はこのククリヒメ神は、『古事記』には全く登場せず、『日本書紀』では一書《あるふみ》に名前が見えるものの、その記述が非常に短いのです。

ククリヒメ神が登場するのは、『日本書紀』一書《あるふみ》の第十、イザナキ命が黄泉国へイザナミ命を迎えに行った時のことです。イザナキ命が醜い姿になったイザナミ命に驚き、慌てて黄泉国から逃げ出したあと、二人は黄泉平坂で口論を始めます。

その時、突然現われるのがククリヒメ神です。『日本書紀』では、「この時に、ククリヒメがまた申し上げることがあった。イザナキ命はこれをお聞きになって褒めた。そして黄泉国を去られた」とあるのですが、ククリヒメ神が何を言ったのか、全く触れていません。登場するのはたったこれだけの、まさにチョイ役といった感じなのですが、両者の言い分を聞き、二神を見事に和解させた神様として、物語の重要なキーパーソンとなっています。

❖——絶大なご利益が期待できる縁結びの神様

白山信仰の総本社の主祭神というメジャーな神様としては、どの系譜に属する神様なのか、どういう性格だったのかなど何もわからず、あまりにも謎の多いククリヒメ

▲ククリヒメ神を祀る白山比咩神社。ククリヒメ神は修験道の神としても信仰されます。

神ですが、そのご利益ははっきりしていません。

なにしろ、ほんの少し登場しただけで、イザナキ命とイザナミ命の夫婦喧嘩を仲裁してしまったのですから、和合の神、縁結びの神として大いに崇拝されているのです。

さらに、「ククリ」という言葉が「括」を意味し、物事をまとめるご利益もあるとされています。夫婦やカップルで訪れれば、さぞかし円満な関係になれるでしょうし、縁談や商談、組織、家族など、様々なものをまとめる力も期待できそうです。

【主なご利益】……夫婦円満、縁結び、商談成立
【主な神社】……白山比咩神社(石川県)

長生きできる！

月読尊

つくよみのみこと

月の満ち欠けを読む農耕の神様

【異称】……………月読命、月夜見命

❖──月の満ち欠けを数える神様

ツクヨミ命は、『古事記』において黄泉国から戻ったイザナキ命が穢《けが》れを祓おうと禊をした際に生まれた三貴子の一柱です。姉はイザナキ命の左目から生まれたアマテラス大神、弟は鼻から生じたスサノオで、イザナキ命は、尊い子が生まれたと喜びました。ただし、『日本書紀』にはイザナキ命とイザナミ命の間に生まれたとする話と共に、白銅鏡《ますみのかがみ》から生じたとする説も記されています。

ツクヨミ命はその名の通り月を司る神ですが、一般には農耕の神として敬われています。なぜなら「月読命」の「読《ヨミ》」が月の満ち欠けを数えること、つまり暦を読むことを表わしているからです。

明治初頭までの日本人は太陰《たいいん》太陽暦《れき》を用いていたため月の動きで季節の変わり目を

▲伊勢神宮の別宮である月読宮。伊勢市中村町に鎮座しています。

知り、これに従って種まきや稲刈りなどの農作業を行なっていました。今でも月に供え物をして豊作を祈る行事もあるほど、農耕にとって月は大切なものだったのです。

その月の霊力を神格化したのがツクヨミ命であり、人々はこの神様を農業の守護神として敬ってきました。

❖――昼と夜の起源となる

そのツクヨミ命と農耕との関わりは、『日本書紀』一書にも見ることができます。『古事記』では国土創世神話の後、夜食国《よるのおすくに》を治める神とあるだけで登場しませんが、『日本書紀』の一書ではアマテラス大神と共に天を治めていたとあります。

ある時、ツクヨミ命は姉のアマテラス大神の遣いで、五穀の神であるウケモチ神（保食神）を訪ねることになりました。

ツクヨミ命の訪問を受けたウケモチ神は、口から米や魚、動物を吐きだして並べ、ツクヨミ命をもてなそうとします。

するとこれを見たツクヨミ命は、「口から吐きだしたものを出すとは汚らわしい」と激怒し、剣を抜いてウケモチ神を斬り殺してしまいます。この乱行を知ったアマテラス大神は憤り、「お前は悪い神だ。もうお前とは会わない」と宣言して決別します。仲違いした二柱が昼と夜に分かれて住んだことから、昼と夜が交互に訪れることになったのです。

なお、死んだウケモチ神の身体からは牛馬や五穀が生まれ、天にもたらされました。つまり、『古事記』においてスサノオ命が担った役割を、『日本書紀』ではツクヨミ命が演じているともいえるのです。これが『日本書紀』における五穀の起源の神話であり、ツクヨミ命は五穀の発生にも関わった神様とされます。

このように神話においてもツクヨミ命は農耕神としての性格を見せており、各地に鎮座する月読神社の多くで農業を守護する神様として祀られてきました。

また、月との関わりから様々な神秘的な性格を持つ神様でもあります。月を読む、すなわち暦を読むことで吉凶が占えると考えられたことから、占いを司る神様としても信仰されました。実際、古代には月を観測してその年の暦を決めて農業の豊作を判断する占い師がおり、それは神職か巫女のような神に近しい存在だったと推測されています。

その他にも月の引力が潮の満ち引きに関係していることから、ツクヨミ命は海の支配者、すなわち海の神としても崇拝されました。

さらに古来、月の満ち欠けの不思議なイメージは人の生死と関係づけられており、ツクヨミ命は不老不死や死の起源などとされて敬われることもあったようです。

今ではツクヨミ命は山形県の月山神社をはじめ、各地の月読神社に祀られています。農耕神らしく豊作の祈願、さらに海の神として海上の航海安全などを願う人々の信仰を集めるようになりました。

【主なご利益】……五穀豊穣、豊漁守護、海上安全
【主な神社】……伊勢神宮月読宮（三重県）、月山神社（山形県）

病気にかからない！

素戔嗚尊《すさのおのみこと》

高天原からの追放後、八岐大蛇を討った英雄神

【異称】……建速須佐之男命、須佐乃袁尊、神須佐能袁命、須佐能乎命

❖——アマテラス大神を怒らせた乱暴な神

スサノオ命は、『日本書紀』では「素戔嗚尊」、『古事記』では「建速須佐之男命」と表記され、黄泉国から戻ったイザナキ命が日向の阿波岐原で禊を行なった際に最後に現われた三貴子の一柱とされています。

三貴子とは、アマテラス大神、ツクヨミ命、そしてこのスサノオ命です。『古事記』によれば、イザナキ命は三貴子が生まれたことをとても喜び、アマテラス大神に高天原を、ツクヨミ命に夜食国を、スサノオ命に海原を治めるように命じました。

しかし海原を治めることを命じられたスサノオ命は、全く仕事をしようとせず、母親に会いたいと泣き叫んでばかりいました。強い力を持つ神様が泣き叫ぶものですか

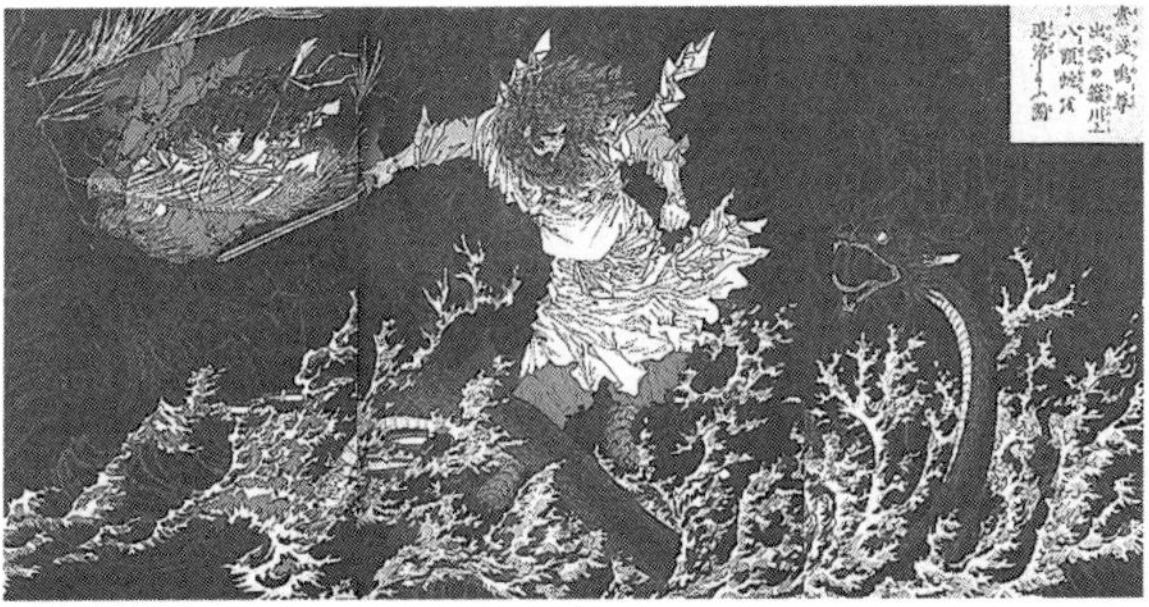

▲八岐大蛇を退治するスサノオ命。(『日本略史之内 素戔嗚尊出雲の簸川上に八頭蛇を退治したまふ図』月岡芳年画)

ら、地上の樹木は枯れ、川も海も干上がり、世界中には悪神がはびこって、災いが次々に起こります。これに怒ったイザナキ命は、ついにスサノオ命を見放し、追放することにしたのです。

追放が決まったスサノオ命は、姉であるアマテラス大神に別れを告げようと高天原へ向かいましたが、乱暴狼藉を繰り返して天岩戸《あまのいわと》の騒動を起こし、ついに高天原からも追放されてしまいます。

このときスサノオ命は贖罪《しょくざい》の品を取り立てられ、髭《ひげ》や手足の爪を切られてその罪の穢れを祓われたうえで地上に追いやられました。

スサノオ命の乱暴者のイメージがガラリと変わるのが、この後、出雲《いずも》に降り立ってからのことです。

八岐大蛇《やまたのおろち》に娘を次々と食べられ悲しんでいる老夫婦と、最後に残り、間もなく人身御供《ひとみごくう》にされそうになっている娘のクシナダヒメ（奇稲田姫）を助けようと、スサノオ命は八岐大蛇に挑み、見事に退治します。

この時、八岐大蛇の尾から出てきたのが三種の神器のひとつ、草薙剣《くさなぎのつるぎ》（天叢雲剣《あめのむらくものつるぎ》）です。

人々を苦しめていた八岐大蛇を退治したスサノオ命は、出雲の須賀《すが》（現・島根県雲南市大東町須賀）に宮を建て、クシナダヒメと結婚しました。この時に詠んだのが、「八雲《やくも》立つ出雲八重垣《やえがき》妻ごみに八重垣作るその八重垣を」の歌で、これが日本初の和歌ともなりました。同時にこの歌のためにスサノオ命は文芸上達や縁結びの神とされるようになります。

❖疫病の神と集合したスサノオ命

出雲にはスサノオ命が住んだ場所に創建された須佐《すさ》神社や須我《すが》神社、八重垣神社などがあり、熊野本宮大社も、祭神のケツミコ神（家津御子大神）をスサノオ命と同一の神としています。

出雲におけるスサノオ命は、穀物の豊穣を司る農業神としての色合いが強かったため、五穀豊穣のご利益があり、また水難や火難を防ぐ力を持つとされます。

その後、スサノオ命を祭神とする信仰は全国へと広まり、八坂神社（祇園）や津島（天王）、埼玉県の氷川神社のような氷川と名の付く神社の祭神として祀られるようになりました。

これらの神社では疫病除けのご利益が有名です。

これは神仏習合によって、インドの祇園精舎《ぎおんしょうじゃ》の守護神で、除疫神である牛頭天王《ごずてんのう》と同一神とされたことに由来します。

全国で行なわれる祇園祭は、夏の京都で流行しやすかった疫病除けをスサノオ命に願うものとして始まったものです。

荒ぶる神から英雄神となり、出雲での業績から和歌の神、恋愛の神へとご利益を広げたスサノオ命は、病気からも私たちを守ってくれる頼りがいのある神様といえるでしょう。

【主なご利益】……五穀豊穣、文芸上達、厄除け、縁結び、疫病除け
【主な神社】……須佐神社（島根県）、八坂神社（京都府）、氷川神社（埼玉県）

お米がたくさん穫れる！

天之菩卑命

◉あめのほひのみこと

オオクニヌシ神に奉仕する出雲氏の祖神

【異称】……………天之菩卑能命、天穂日命、天菩比神

❖――アメノホヒ命は裏切っていなかった？

『古事記』の物語を御存知の方はアメノホヒ命を〝裏切った神様〟とお思いかもしれません。

アメノホヒ命は、アマテラス大神がスサノオ命と誓約《うけい》（占いの一種）をした時に、アマテラス大神の勾玉からアメノオシホミミ命などと共に生まれた神様で、後にアマテラス大神がオオクニヌシ神に国譲りを迫った際、最初に出雲に派遣されました。

ところがこの神様は、そのアマテラス大神の期待をあっさり裏切ってしまいます。

『古事記』や『日本書紀』によると、出雲に降り立ち、オオクニヌシ神と会ったアメノホヒ命は、オオクニヌシ神にすっかり心酔してしまい、国を譲れと迫るどころか、出雲に住み着いてしまうのです。しかも、そのまま三年間もアマテラス大神に何の報

告もしなかったというのですから、完全に役目を放棄したといえるでしょう。

これではアマテラス大神の怒りを買ったに違いないと思われますが、なぜかアメノホヒ命は、国譲り交渉が終わったあとも何のお咎めも受けていません。不思議な話なのですが、その理由を推測できる内容が、出雲大社の神職を務める出雲国造家《こくそうけ》が代替わりの際に朝廷に奏上する『出雲国造《くにのみやつこ》神賀詞《かむよごと》』に残っています。

そこには、アメノホヒ命は、アマテラス大神から地上の悪神を鎮めることを命じられており、地上を駆け巡って様子をアマテラス大神に報告したとあるのです。さらに自分の息子であるアメノヒナトリ命とフツヌシ命を派遣して、見事に地上の乱れを平定したとも書かれています。これが事実であれば、アメノホヒ命は、役割をサボったわけではなく、きちんとアマテラス大神の期待に応えたことになります。

アメノホヒ命はその後、オオクニヌシ神の祭祀を担当する出雲国造家の祖神として祀られ、農業・養蚕、絹糸・木綿など産業開発にご利益がある神様となりました。

【主なご利益】……農業守護、産業振興
【主な神社】……能義神社（島根県）、天穂日命神社（鳥取県）

よいアイデアが閃めく！

思兼神

◉おもいかねのかみ

神々が抱える難題を解決した知恵と科学の神様

【異称】……思金神、八意思兼命、天八意思兼命

❖——思慮深き科学の神として信仰される

オモイカネ神はタカミムスヒ神の御子神とされています。「思兼神」という名前は、「多くの思慮を兼ね備えた知恵のある神様」であることを表わしたものです。

この神様は神話において数々の難題を解決する活躍を見せています。

アマテラス大神が天岩戸に籠った時には、常世長鳴鳥《とこよのながなきどり》（鶏）を集めて長鳴きをさせ、アメノコヤネ命とフトダマ命に枝に鏡をつけた榊《さかき》を用意させたうえで岩戸の前で祭りを行ない、アマテラス大神の興味を引く作戦を提案。見事太陽の光を取り戻すことに成功しています。また、『古事記』における国譲りでは、アマテラス大神から、国譲りを迫る使者として誰を遣わしたらよいかと相談されて、アメノホヒ、アメノワカヒコ、ナキメを推薦し、これが失敗するとタケミカヅチ神を推して国譲りを成功させせま

した。続いてニニギ命が地上に降《くだ》る天孫降臨の際には、アマテラス大神から自分の御《み》魂代《たましろ》として鏡を祀るよう命じられ、祭祀を司る存在となります。

このようにオモイカネ神は、天津神《あまつかみ》（高天原の神々）が重要な選択を迫られる場面で頼りにされ、知恵を出して解決に導く神様でした。同時にアマテラス大神の祭事を行なう神様であり、祀る側が神格化された珍しい神様でもあります。

この神様は『先代旧事本紀《せんだいくじほんぎ》』によれば、信濃国《しなののくに》に天降り、同地を開拓し祭祀を司った阿智祝部《あちのほおりべ》の祖、または知々夫《ちちぶ》国造の祖神ともなったとされ、長野県の阿智神社、埼玉県秩父市の秩父神社などに祀られています。

知恵の神様であるため、合格や成績向上のご利益を期待され、受験生や学生たちの信仰を集めてきました。さらに現在では学問から広がり科学の神としても崇拝されており、科学者やエンジニアといった理工系の社会人、理工系の受験生たちの人気を集め、その知恵にあやかりたいという人が多く詣でています。

【主なご利益】……技術向上、出世開運、受験合格
【主な神社】……秩父神社（埼玉県）、地主神社（京都府）、阿智神社（長野県）

運がよくなる！

天児屋命《あめのこやねのみこと》

天岩戸においてアマテラス大神に祝詞を奏上した神

【異称】……天児屋命、春日権現、春日大明神

❖——奈良の春日大社の祭神

アメノコヤネ命は「天上界の小さな屋根の建物」という意味の名を持ち、アマテラス大神を天岩戸からおびき出す時に活躍した神様です。

その際、アメノコヤネ命は、天岩戸の前でアマテラス大神がお出ましになるように祝詞《のりと》をとなえ、アマテラス大神を喜ばせました。このことから祝詞の神、さらには「神事宗源」、つまりお祭りの起源を担う神様として信仰されています。

また、天孫降臨の場面にも登場し、天孫のニニギ命のお伴として地上に降り立ちました。アマテラス大神から皇孫を助けるようにと神勅をいただいて重責を担ったことから、「天孫輔弼《ほひつ》」の神と位置付けられ、フトダマ命と共にアマテラス大神を祀る神殿の守護神にもなりました。

この神様は神事と関わりが深いためか、宮中の神事を司る中臣氏の祖先神ともされています。「中臣」という氏族名は、天の神と皇孫との間を取り持つ中執臣《なかとりおみ》に由来します。中臣氏の同族には伊勢神宮の祭主・大宮司をつとめる大中臣氏があり、今なお宮中祭祀と関わりの深い一族です。

その中臣氏の子孫にあたるのがのちに摂関政治で栄えた藤原氏です。アメノコヤネ命は中臣氏の氏神である、奈良市の春日大社に祀られており、そのため同社は藤原家の氏神として隆盛し、天皇の行幸を受けるなど篤い信頼を得ていました。

このようにアメノコヤネ命は古くから神事に関わり、アマテラス大神を祀るという重責を果たしたため、国家の安泰を願う神様としても敬まわれました。今では開運や出世を助けてくれる神徳も加わって、参拝客の人気を集めています。

なお、この神はもともと東大阪市の枚岡《ひらおか》神社に祀られており、八世紀に春日大社に勧請されました。そのため枚岡神社は「元春日」と呼ばれています。

【主なご利益】……国家安全、学業成就、出世開運
【主な神社】……春日大社（奈良県）、枚岡神社（大阪府）

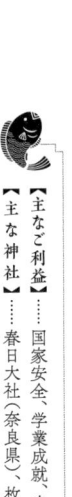

運がよくなる！

◉太玉命（ふとだまのみこと）

祭祀を行なう物づくりの氏族・忌部氏の祖神

【異称】……………布刀玉命

❖――玉を神格化した神様

フトダマ命は中臣氏と共に大和政権における神事を司ってきた忌部氏《いんべ》の祖神です。『古事記』と『日本書紀』にある天岩戸神話では、アマテラス大神が岩戸のなかに籠ってしまった時、フトダマ命とアメノコヤネ命が太占を行ないました。太占とは鹿の肩甲骨を焼いた割れ具合で、吉凶を判断する占いのことです。

続いてアメノコヤネ命が祝詞を奏上する際には、榊に玉、鏡、紙垂《しで》をつけた御幣《ごへい》を掲げ、アメノコヤネ命と共に輝く鏡をアマテラス大神に見せて、アマテラス大神を外に引き出すことに成功します。フトダマ命はアマテラス大神が岩戸の外に出るや、すかさず岩屋の入口に注連縄《しめなわ》を引き渡して結界を張り、封印しました。これが神社にかかっている注連縄のルーツとされています。

天岩戸神話で重要な役割を果たしたフトダマ命は、天孫降臨でもニニギ命に従って降臨し、アメノコヤネ命とともにアマテラス大神を祀る神殿の守護神になるよう命じられました。さらに神武天皇の橿原《かしはら》の宮建設においては、孫の天富命《あめのとみのみこと》が尽力したとされ、皇室と密接な繋がりを持つ神といえるでしょう。

忌部氏は玉を身に着けて祭祀を行なっていたため、フトダマ命はその玉が神格化した占い、宣託の神様と考えられます。

忌部氏の本拠地である奈良県橿原市には天太玉命神社が鎮座してこの神様が祀られていますが、近くからは古代の玉作り工房が発見されています。玉作りを担ったのは、タマノオヤ命（玉祖命）の末である玉造《たまつくり》氏ですが、発見された工房址は玉を祭具とする忌部氏と関わりがあったのでしょう。

また、天岩戸に注連縄を張った神話から、不浄なことやものを排除する力を持つ神として、災難を取り除き厄を祓うご利益でも信仰されています。

【主なご利益】……占い守護、殖産興業守護
【主な神社】……天太玉命神社（奈良県）、大麻比古神社（徳島県）、大麻神社（香川県）

歌やダンスが上達する！

天鈿女命《あめのうずめのみこと》

猿女として神事の舞を司る芸能の神様

【異称】……天宇受売命、天鈿売命

❖――神々の笑いを誘い、天岩戸を開く

アメノウズメ命は天岩戸と天孫降臨の神話に登場する女神で、のちにサルタビコ神と結ばれ、朝廷で神事の舞を司る猿女君《さるめのきみ》の祖神となりました。「ウズメ」とは「強女」、または髪に花など「うず」（髪飾り）を挿した巫女の意味ではないかとされています。

天岩戸神話では、太陽神であるアマテラス大神が岩戸のなかに籠ったことで世界が真っ暗になってしまったため、アマテラス大神を引き出そうと、神々はオモイカネ神の発案によって、岩戸の前で祭りを行ないましたが、この祭事で舞を舞ったのがアメノウズメ命です。

アメノウズメ命は伏せた桶の上に立って足を踏み鳴らして踊ります。それは胸元がはだけ、さらに腰の紐が解けて陰部も露わになるほどの激しい踊りで、これを見た

▲『岩戸神楽の始まり』。天岩戸神話において、アメノウズメ命が舞った舞いが神楽の起源となったといわれます。(国立国会図書館所蔵)

神々がどっと笑い囃《はや》し立てたため、岩戸の前は大騒ぎになりました。アマテラス大神は岩戸のなかで自分がいないのに陽気な笑い声が響きわたっていることが不思議でならず、ついに岩戸をなかから開くのです。

❖――閉じたものを開ける女神

このアメノウズメ命の陽気さは、天孫降臨でも発揮されます。アメノウズメ命を含むニニギ命一行が、「天之八衢《あめのやちまた》」までやってきたところ、異形の神が目の前に立ちはだかりました。ここでその名を尋ねるよう命じられたのが、アメノウズメ命です。

『日本書紀』一書《あるふみ》にはアメノウズメ命は、またも乳房を露わにし、裳《も》の紐を臍《へそ》の下まで押し垂れて、笑いながら異形の神に迫ったとあります。するとその神は、天孫の道案内をするため迎えに来た国津神《くにつかみ》（地上の神）であるサルタビコ神（猿田彦神）と名乗りました。こうして一行はサルタビコ神の導きによって地上へ降臨することができたのでした。

天岩戸を開かせ、サルタビコ神の正体を明らかにしたアメノウズメ命は、地上に降り立ってから、魚を集めて天孫であるニニギ命に仕えるか否かを尋ねた際、ナマコだけが何も答えないでいたため、その口を小刀で裂いたという逸話を残しています。

これらの神話から、アメノウズメ命は閉じたものを開ける、身を開示させるという役割も持つ神様とされたことがわかります。

こうした神話に加え、宮廷で神楽を舞う猿女氏の祖とされたことから、芸能の神様として親しまれるようになり、祭神とする神社には歌や踊り、絵画などの芸能、芸術面で上達したい人が多く参拝に訪れています。また、サルタビコ神と結婚したことから夫婦円満のご利益でも人気を集めています。

【主なご利益】……技芸上達、夫婦和合、縁結び

【主な神社】……天鈿女神社（長野県）

体力がアップする！

◉あめのたぢからおのかみ

天手力雄神

アマテラス大神を天岩戸から引っ張り出した力持ちの神様

【異称】……天手力男命

❖――岩戸を開け放った手の力

アメノタヂカラオ神は、各地に伝わる神楽《かぐら》にも登場しています。なかでも有名なのが宮崎県高千穂《たかちほ》の夜神楽「戸《と》取舞《とりのまい》」で、赤面に裁着袴《たっつけばかま》姿でたすきを腰にはさみ、杖を持ったアメノタヂカラオ神が天岩戸を払う様子が、勇壮に舞われます。

アメノタヂカラオ神は文字通り、「手の力が強い」神様で、その怪力を用いて天岩戸神話で活躍しています。

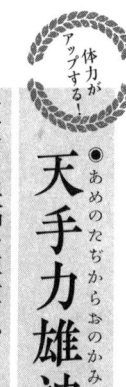

太陽の神様であるアマテラス大神が隠れてしまい、困った高天原の神々は、アマテラス大神に天岩戸から出てきてもらうための作戦を実行すべく、天岩戸の前に集まりました。作戦を考えたのは、知恵の神様であるオモイカネ神です。

オモイカネ神の作戦は、天岩戸の前で祭りをし、みんなが楽しそうに笑い、その様子を気にしたアマテラス大神が戸を開けたところを引っ張り出そうというものでした。

この作戦に従い、神々は天岩戸の前に集まり、祭事を行ないました。アメノウズメ命が乳房や下半身までも露わにして踊り出すと、神々はやんやの喝采を送り、高天原を揺るがすほどの大爆笑が起こります。天岩戸が細く開き、アマテラス大神が「なぜ皆が笑っているのか？」と聞くと、アメノウズメ命が「あなた様より尊い神様がいらっしゃったからです」と答えました。フトダマ命とアメノコヤネ命が目の前に差し出した鏡に映った神々しい姿を見たアマテラス大神は、それが自分だとは気づかず、さらに身を乗り出します。その瞬間に重い岩戸をこじ開け、アマテラス大神を外へ引っ張り出した神様こそ、アメノタヂカラオ神でした。

この功績を認められたアメノタヂカラオ神は、その後、アマテラス大神からニニギ命の天孫降臨のお供を命じられ、地上に降り立ったとされています。

❖——戸隠神社は天岩戸が地上に落ちて誕生した⁉

高天原屈指の怪力の持ち主、アメノタヂカラオ神のパワーを示す伝説が、長野県の戸《と》隠《がくし》神社に残っています。アメノタヂカラオ神が、こじ開けた天岩戸の戸をそのまま投げ飛ばしたところ、岩戸は地上まで落下して本州の真ん中に突き立ちました。実は戸隠山がその岩戸だというのです。アメノタヂカラオ神は、その後ニニギ命に随伴して地上に降りますが、当初九州に降りたものの、自分が投げ飛ばした岩戸でできた戸隠山こそ自分が住む地にふさわしいと考え、のちに戸隠に移り鎮座したとされています。

また、アメノタヂカラオ神は、富山県の雄山神社にイザナキ命と共に祭神として祀られ、立山信仰の神様としても崇められてきました。雄山神社と戸隠神社はどちらも山岳信仰を起源とする神社ですので、この神様は山岳信仰と深い関係を持つことがわかります。

力持ちの神様だけに、そのご利益はスポーツに発揮されるとされ、多くのアスリートの参拝が見られます。ほかにも技芸上達や五穀豊穣、開運招福、厄除けなど、幅広い分野でご利益があるとされています。アスリートを目指す方は一度ご利益に与《あずか》ってみてはいかがでしょう。

【主なご利益】……技芸上達、スポーツ上達、厄除け、開運招福
【主な神社】……戸隠神社（長野県）、舟橋大神宮（千葉県）、手力雄神社（岐阜県）

悪霊を退ける！

石凝姥売命《いしこりどめのみこと》

天岩戸神話で八咫鏡を作った神様

【異称】……………伊斯許理度売命、石凝戸邊命

❖金属加工の神と崇められる「五伴緒」の一柱

『古事記』と『日本書紀』に語られる天岩戸神話のなかで、アマテラス大神を岩戸の外へと誘うキーアイテムとなったのが八咫鏡《やたのかがみ》です。

アマテラス大神が外の世界の騒がしさが気になって天岩戸をほんの少し開けた際、差し出された八咫鏡に映った自分を見て、さらに身を乗り出したために、岩戸の外へと引っ張り出されたのです。

イシコリドメ命は、この八咫鏡を作った女神です。「石凝」は鋳型に溶かした鉄を流し込んで固める鏡製作の工程に由来する名で、鏡作りを生業《なりわい》とする鏡作部《かがみつくりべ》の祖神と伝えられます。

八咫鏡はその後、天孫降臨の時に、八尺瓊勾玉《やさかにのまがたま》、草薙剣とともに、アマテラス大神

によってニニギ命に与えられ、地上世界へともたらされました。

この時、アマテラス大神は、「八咫鏡を私の魂と思って、大事にお祀りしなさい」と命じたとされています。

それほど重要なアイテムとなった八咫鏡を世に送り出したイシコリドメ命は、天孫降臨に随伴した五柱の神々の一柱として、アメノタヂカラオ神、フトダマ命などとともに、「五伴緒《いつとものお》（五人の重要な供の人）」と呼ばれています。

鏡を生み出したイシコリドメ命は、金属加工の神、鍛冶の神として、大阪市の鞴《ふいご》神社や、岡山県津山市の中山神社などの祭神となっており、主に鉄鋼、金物業者の信仰を集めています。

また、鏡は古代より宗教祭祀に欠かせない重要な道具で、悪霊を退ける霊力を持つと考えられてきましたので、イシコリドメ命にも悪霊を退ける力があるといわれています。

【主なご利益】……悪霊退散
【主な神社】……鞴神社（大阪府）、鏡作坐天照御魂神社（奈良県）、中山神社（岡山県）

食べるものに困らない！

大宜都比売神《おおげつひめのかみ》

死して四肢から五穀を生じさせた豊穣の女神

【異称】大気都比売神、大宜津比売神、大気津比売神

❖――スサノオ命に殺害された姉神

オオゲツヒメ神は、イザナキ命とイザナミ命の子で食物の神様です。「おお」は偉大な、「け」は食物を意味し、食物を司るトヨウケビメ神やウカノミタマ神と同一神として考えられることもあります。

このオオゲツヒメ神は、『古事記』において、狼藉を働いて高天原を追放されたスサノオ命が地上に降る途中の逸話に登場します。

スサノオ命は、地上に降りる前に、食べ物を求めて姉神であるオオゲツヒメ神のもとを訪れました。オオゲツヒメ神は、様々な料理を出してスサノオ命をもてなします。

ところが、ふとスサノオ命が調理場の様子をうかがうと、オオゲツヒメ神は自分の鼻や口、尻から様々な食材を出し、それを火にかけて料理しているではありませんか。

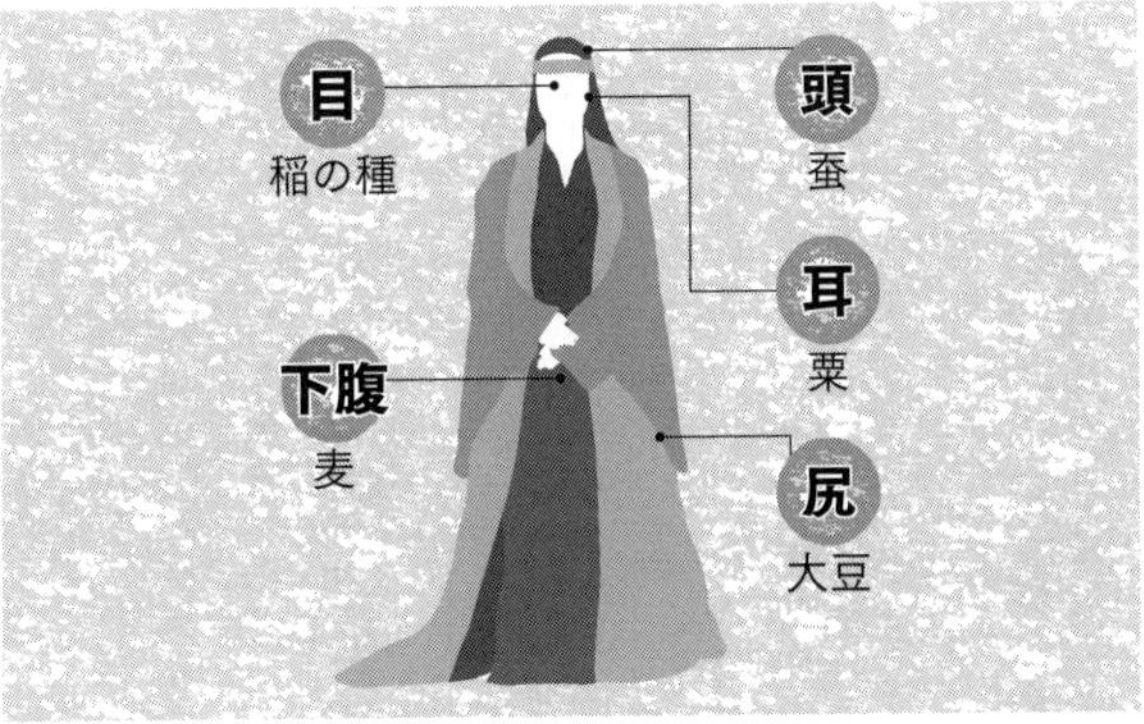

オオゲツヒメ神から生まれた五穀
スサノオ命に殺されたオオゲツヒメ神の体からは大豆、稲などの五穀が生じました。

まだ乱暴な性質が直らないスサノオ命は、よくもそんな汚らしい物を食べさせたなと怒って腰の剣を抜くと、オオゲツヒメ神を斬り殺してしまいます。

死体から生じた実り

ところが不思議なことに、オオゲツヒメ神の死体の頭から蚕が生まれ、目から稲の種が、耳から粟、鼻から小豆、下腹から麦、尻から大豆が生じたのです。高天原の神は、これらを集めて人々に授けました。

人々は、これをもとに蚕を飼い、様々な作物を育てるようになったので、これが五穀の始まりとされています。

『日本書紀』一書《あるふみ》にも同じような内容の逸

話がありますが、スサノオ命の役どころはツクヨミ命、オオゲツヒメ神はウケモチ神となっています。

アマテラス大神が弟のツクヨミ命をウケモチ神のもとに遣わすと、ウケモチ神は陸を向いて口から米飯を、海を向いて魚を、山を向いて獣を吐き出してもてなしたので、怒ったツクヨミ命は『古事記』のスサノオ命同様、ウケモチ神を斬り殺してしまいます。

すると、その死体からは、牛馬、粟、蚕、稗、稲、麦、大豆、小豆が生まれ、これを献上されたアマテラス大神は大変喜び、民が生きるための種としたのです。

オオゲツヒメ神は、食物を司って農業の始まりとなった神ですから、農業、漁業、そして養蚕などの諸産業の守護神として信仰されています。その死は永遠のものではなく、冬になって枯れた植物が季節が巡るとまた芽吹いて甦り、実りの時期を迎えるように、オオゲツヒメ神も再生し、人々に豊かな実りをもたらし続けるのです。

【主なご利益】……農業守護、漁業守護、養蚕守護
【主な神社】……白子神社(山形県)、竹駒神社(宮城県)、上一宮大粟神社(徳島県)

勝負に勝つ！

◉経津主神《ふつぬしのかみ》

刀が神格化した「国譲り」のキーパーソン

【異称】……布都怒志命、布都主神、経津主命

❖――刀で風を切る鋭い音を名とした神

『日本書紀』のみに登場するフツヌシ神は、滴る血のなかから生まれた神様です。『日本書紀』一書《あるふみ》によると、その誕生は、イザナキ命とイザナミ命が、多くの神々を生み出した時のこと。イザナミ命が、火の神のカグツチを生んだため陰部に大やけどを負い、それがもとで命を落とすと、イザナキ命は憤りに任せて我が子のカグツチを十拳剣で斬り殺します。すると、剣から滴る血が岩石の群れにほとばしって、そのなかからフツヌシ神が生まれたのです。

「フツ」とは刀で風を切る鋭い音のことで、フツヌシ神は刀剣を神格化した神です。神武東征でタケミカヅチ神がタカクラジに与えた布都御魂《ふつのみたま》の剣《つるぎ》を神格化したとする説もありますが、定かではありません。ただし、『先代旧事本紀《せんだいくじほんぎ》』ではフツヌシ神の神

魂の刀が布都御魂であるとしています。

そうしたフツヌシ神最大の見せ場は、『日本書紀』における国譲りの場面です。『古事記』ではアマテラス大神の命によってタケミカヅチ神が単独で成し遂げる国譲りですが、『日本書紀』ではまずフツヌシ神が神々の推挙を受けたのち、これを不服とするタケミカヅチ神が自分も行くと主張したため、フツヌシ神を主将とし、タケミカヅチ神を副将として葦原中国《あしはらのなかつくに》へ赴き、オオクニヌシ神に国譲りを迫ってこれを認めさせました。さらに一書においては、全国を巡ってまつろわぬ神々を平定し、帰順した神々を伴って天に昇り、高天原の神々への忠誠を誓わせる大役を担っています。

また『出雲風土記』では、フツヌシ神だけが天降ったとなっており、『常陸《ひたち》国風土記』でも、天地の初めの頃、フツノオオカミという神が天から降りて全国を巡り、山河の荒ぶる神を鎮めたとあります。どの伝説でもフツヌシ神は勇猛な神なのです。

❖──武神として都の鬼門を守り勝利をもたらす

全国に数多くあるフツヌシ神を祀る神社のなかでも、千葉県香取市の香取神宮は「香取様」と呼ばれ古くから信仰されてきました。

▲フツヌシ神を祀る千葉県の香取神宮。

同社は、古代大和政権の勢力範囲の東限にあたり、東国における拠点だったとされ、一説には利根川を挟んで北側の茨城県鹿嶋市の鹿島神宮と共に朝廷の鬼門封じの役割を担ったともいわれています。

以来、戦いを制して勝利をもたらす軍神、武神として信仰されてきたフツヌシ神は、現在ではスポーツや勝負事の神とされ、勝利を祈って参拝する人が絶えません。勝ち負けに限らず、スポーツ振興や家内安全にもご利益があるとされています。

【主なご利益】……開運招福、スポーツ上達
【主な神社】……香取神宮（千葉県）、春日大社（奈良県）、大原野神社（京都府）

スポーツの試合に勝てる！

正哉吾勝勝速日天忍穂耳尊《まさかあかつかちはやひあめのおしほみみのみこと》

地上の支配権を息子ニニギ命に譲った勝運の神様

【異称】……天之忍穂耳命、天忍穂耳命

❖――地上の支配権を子に譲った勝ち運の神様

アメノオシホミミ命は、アマテラス大神とスサノオ命が誓約をした時、アマテラス大神の髪飾りの勾玉から誕生した五柱の男神の一柱です。スサノオ命がアマテラス大神の勾玉を嚙み砕いて吹き出したなかから最初に誕生したため、この神がアマテラス大神の第一御子とされています。

そうした立場から、アメノオシホミミ命はアマテラス大神に、地上世界「葦原中国」を治めるように命じられました。ところが、天と地の境にある天の浮橋に立ってみると、葦原中国はひどく騒がしい有様です。そのためアメノオシホミミ命は、天に戻ってアマテラス大神にそれを伝えました。神々の話し合いの結果、まずは国津神《くにつかみ》（地上の神）を説得して国譲りを迫り、服属させるべきだということになりました。

その後、地上の支配者たるオオクニヌシ神が国譲りを承諾すると、アマテラス大神はまたもやアメノオシホミミ命に、天から降って統治せよと仰せられました。この神は、二度も統治を命じられるほど重要視されていたのです。

ところが、降臨の準備をしているうちに、アメノオシホミミ命に御子のニニギ命が生まれます。そこでアメノオシホミミ命は、自分ではなく我が子を遣わすよう進言し、天孫降臨がなされることとなったのです。ニニギ命への交代の理由については、生まれたての若い神のほうが霊力が強いためともいわれます。

「正哉吾勝勝速日天忍穂耳尊」という神名は、「吾《われ》勝ち負けることがない。なお勝つことの速いこと、日が昇るごとし」という意味です。そのため勝運の神として尊ばれ、しかも神験即現といってご利益がすぐに表われるとされることから、この神様を祀る神社にはスポーツ選手や企業経営者なども多く参拝します。また神名の「忍穂」は、「威力のある稲穂」という意味なので、農業の神様としても信仰されています。

【主なご利益】……諸産業繁栄、勝運招来、家系繁栄
【主な神社】……阿賀神社（滋賀県）、英彦山神宮（福岡県）

五穀豊穣！

天津彦火瓊瓊杵尊《あまつひこほのににぎのみこと》

地上の支配権を与えられ、高千穂峰に降臨したアマテラス大神の孫神

【異称】……天邇岐志国邇岐志天津日高日子番能邇邇芸命ほか、天之杵火火置瀬尊、褒能忍者命など

❖——ニニギ命に与えられた稲穂の意味とは？

ニニギ命は、アマテラス大神の孫であり、葦原中国を治めるために高天原から降臨した神様で、初代天皇であるカムヤマトイワレビコ命（神武天皇）の曽祖父に当たります。

『古事記』では「天津日高日子番能邇邇芸命」と書き、日子は日の神の御子の意で、「番」は稲穂、「ニニギ」は賑やかさを表わしています。

つまり天に輝く日の御子で、稲穂の豊かな実りを象徴する豊穣の神様といえるでしょう。

アマテラス大神はオオクニヌシ神から譲り受けた葦原中国を統治する者として、最初は、子のアメノオシホミミ命に地上へ下るよう命じますが、アメノオシホミミ命が

▲地上に降臨したニニギ命が突き刺したとされる高千穂峰山頂の天の逆鉾。

降臨の仕度をしている途中でニニギ命が誕生し、この子を天降りさせるのがよいと進言したため、ニニギ命に天降りの命令が下されます。

アマテラス大神はニニギ命に自身の直系の子孫であることを示す八尺瓊勾玉、八咫鏡と天叢雲剣（草薙剣）の三種の神器を与えました。これらは皇位継承の時に天皇の位を示すシンボルになるものです。

ニニギ命は『日本書紀』のなかで、神々が天上で行なっている米作りを地上でも行なうよう、アマテラス大神の命（「斎庭《ゆにわ》の稲穂の神勅《しんちょく》」）を受けています。

また、『日向《ひゅうが》国風土記』（逸文）には、天孫降臨に際して、ニニギ命が稲籾《いなもみ》を撒いて暗黒を打ち払いながら降臨したと記されています。これらは米作りが日本人の生業《なりわい》の根幹を成すものであることを示し、ニニギ命の穀霊としての性格を伝えているといえるでしょう。

また同時に、ニニギ命の系譜に連なる皇室の、国民を飢えさせぬことという統治の根幹を示すものでもあります。

こうして準備を整えた一行は途中で出迎えたサルタビコ神の道案内で雲をかきわけながら進み、日向《ひむか》の高千穂に降り立ちました。この降臨こそが、アマテラス大神の孫が降臨したとされる「天孫降臨」と呼ばれる神話です。

地上に降り立ったニニギ命の三代後に誕生したのがカムヤマトイワレビコ命（神日本磐余彦尊）、すなわち神武天皇です。つまり天孫降臨の神話は歴代天皇が天津神の子であることを明らかにして、天皇が地上（葦原中国）を統治する正当性の根拠を語る役割を担っているのです。

❖――国家安泰と五穀豊穣の神様

さて、降り立った高千穂の地に立派な宮殿を建てたニニギ命は、オオヤマツミ神の娘コノハナノサクヤビメ（木花開耶姫）と結婚してホデリ命（火照命・海幸彦）、ホスセリ命（火闌降命）、ホオリ命（火遠理命・日子穂穂手見命・山幸彦）の三柱の御子をもうけました。その末子であるホオリ命の孫が神武天皇ですが、その間の三代は日向三代と呼ばれています。

こうして天孫による葦原中国の統治が始まりました。ニニギ命は、九州に降臨したと伝えられ（諸説あり）、宮崎県の高千穂神社や鹿児島県霧島市の霧島神宮などに祀られています。

また、宮崎県西都市の西都原《さいとばる》古墳群にある男狭穂塚《おさほづか》、女狭穂塚《めさほづか》は、それぞれニニギ命と、その妻・コノハナノサクヤビメの陵《みささぎ》として伝わっています。

ニニギ命は皇祖神《こうそしん》であることから国家の安泰、家内を平安にするといった心強く頼もしいご神徳で知られています。また、農業、穀物の神様であることから五穀の豊作をかなえてくれる神様としても信仰を集めました。

【主なご利益】……国家安泰、五穀豊穣、家内安全
【主な神社】……霧島神宮（鹿児島県）、高千穂神社（宮崎県）、箱根神社（神奈川県）

五穀豊穣！

彦火火出見尊

◉ひこほほでみのみこと

海の神の力を得て兄ホデリに勝った山幸彦

【異称】……天津日高日子穂穂手見命、火遠理命、山幸彦

❖――山幸・海幸の物語

ヒコホホデミ命は、ニニギ命とコノハナノサクヤビメの間に生まれた三兄弟の末子です。コノハナノサクヤビメが産屋に火を放って出産したため、兄弟には火の字の名前がつけられました。ヒコホホデミ命は、火勢が弱まった時に生まれたため、「火遠理命《ホオリノミコト》」とも呼ばれ、また、別名の「日子穂穂手見命《ヒコホホデミノミコト》」は稲穂の実りを表わし、穀神とされています。

このヒコホホデミ命は山幸《やまさち》、海幸《うみさち》の神話で有名です。

長男のホデリ命（火照命）は漁を、末弟のヒコホホデミ命は猟をして暮らしていたため、それぞれ海幸彦、山幸彦と呼ばれていました。

ある日、山幸彦は自分も漁をしてみたいと兄を説得してそれぞれの道具を交換する

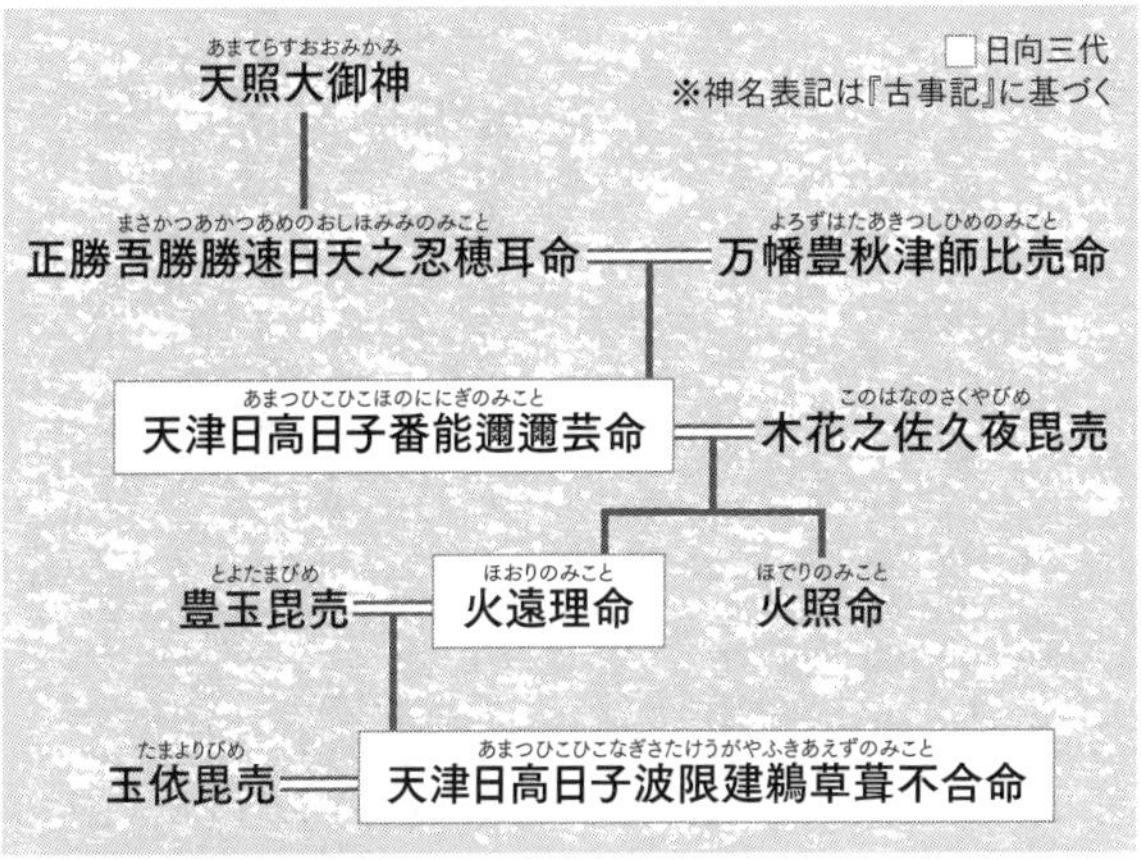

●日向三代へ至る系図

と、海幸彦が山へ出かけ、山幸彦が釣り針を受け取って海へ漁に出かけました。

ところが山幸彦は魚を一匹も釣れなかったばかりか、兄の大切な釣り針を海中に落としてしまいます。山幸彦は剣をつぶしてたくさんの釣り針を作り、兄の海幸彦に謝りますが、兄は受け取らず「元の釣り針を返せ」と許してくれません。

途方に暮れた山幸彦が海辺で悲嘆に沈んでいると、そこに海のことを何でも知るシオツチが現われました。シオツチが山幸彦に海神《わたつみ》であるオオワタツミ神（大綿津見神）の宮へ行くように勧めたため、山幸彦はその言葉に従います。

海神《わたつみ》の宮に着いた山幸彦が木の上で待っていると、そこへ海神の娘トヨタマビメ命が現われ、ふたりはたちまち恋に落ちます。姫の父である海神も山幸彦を見て「天上界の立派な御子である」と喜び、ふたりを結婚させせました。

その後山幸彦とトヨタマビメの幸せな日々が三年間続きますが、山幸彦はなくした釣り針のことを忘れられず、ため息をつくようになりました。理由を聞いたワタツミ神は海の魚を集めて、タイののどの奥に引っかかっていた釣り針を見つけ出し、山幸彦に渡します。

その際、呪咀の言葉を教え、釣り針を兄に返す時に唱えるよう指示すると、海水を操る塩盈珠《しおみつたま》と塩乾珠《しおふるたま》を持たせて山幸彦を地上に送り返したのでした。

山幸彦は教えられた通り、海幸彦に呪咀の言葉と共に釣り針を返します。そして兄が上に田を作れば自分は下に作り、兄が下に田を作れば自分は上に田を作りました。すると海幸彦の田がいつも凶作になったため、恨みを抱いた海幸彦が山幸彦を襲います。しかし山幸彦は、塩盈珠と塩乾珠を使って海水を操り、兄を溺《おぼ》れさせ、降参させます。こうして海幸彦は弟の山幸彦の守護人《まもりびと》になりました。その海幸彦の子孫が隼《はや》人《と》といわれています。

❖ 豊穣をもたらす穀神

さて、山幸彦の子を身籠っていたトヨタマビメは、地上にやってきて出産に備え産屋を建てました。彼女が産んだのが、ウガヤフキアエズ命（鸕鷀草葺不合命）です。しかしこの時、山幸彦が約束を破って出産の様子を覗き見したため、本来の姿であるワニに戻っていた妻トヨタマビメは憤り、恥じて、海神の宮へと帰ってしまいました。

このような悲しい別れもあったのですが、山幸彦は海神の娘と結婚することで、母から受け継いだ山の霊力に加えて水の霊力も手に入れることができました。

水は穀物に豊穣をもたらしてくれる大切なものです。そのため穀神であるヒコホホデミ命は、豊穣をもたらす神として崇められました。農業の守護神であることから、稲を食い荒らすイナゴなどの害虫の虫除けとしてのご利益でも信仰されています。

【主なご利益】……五穀豊穣、縁結び、勝運招来、海上安全、害虫除け
【主な神社】……若狭彦神社上社（福井県）、青島神社（宮崎県）、鹿児島神宮（鹿児島県）、白羽神社（静岡県）、益救神社（鹿児島県）

家庭が円満になる！

火照命《ほでりのみこと》

弟ホオリの守護人となり、隼人の祖となった海幸彦

【異称】……………………
火照命、海幸彦

❖――宮中に仕えた隼人の祖

ホデリ命は天孫降臨してきたニニギ命とコノハナノサクヤビメの間に、三人兄弟の長男として生まれました。『古事記』においてのみ登場する名で、『日本書紀』でヒコホホデミ命の兄はホスソリ命（火闌降命）とされています。

コノハナノサクヤビメが火のついた産屋のなかで出産したため、火の勢いがある時に生まれた長男は「火照命《ほでりのみこと》」と名付けられました。この神は海で漁をするのを生業としていたため海幸彦とも呼ばれています。

海幸彦と山幸彦の物語に登場するこの神は、弟の山幸彦に釣り針を貸したところ、それをなくされてしまいます。弟は海神の宮に行き、取り戻してきたものの、海神のオオワタツミ神から呪咀を授けられており、この呪咀によって海幸彦の田んぼが凶作となり、海幸彦は貧しくなってしまいました。

そこで海幸彦が弟を攻めたところ、海水を操られて溺れさせられそうになったため、ついに許しを乞い「あなたの守護人になります」と誓いました。

これは山幸彦＝ヒコホホデミ命の子孫である天皇をいただく大和政権に、海幸彦＝ホデリ命の子孫である隼人が服従した由来を語る神話です。海幸彦は隼人の阿多君《あたのきみ》の祖と記されていますが、古代の南九州にいたという隼人は勇猛で、なかなか大和政権に服従しようとしませんでした。天皇家の祖と隼人の祖が兄弟であると語られていることは、大和政権にとって隼人がいかに重要な存在であったかを示しています。

隼人は宮中に仕えて隼人舞を演じて邪気を払いながら護衛にあたりました。その時の所作は海幸彦が溺れさせられた姿を演じたものです。隼人は特別の呪力を持つと考えられており、悪霊から天皇を守る存在でもありました。その祖であるホデリ命は、その後頼もしい家内安全の神様として崇拝されるようになりました。

【主なご利益】……悪霊退散、家内安全
【主な神社】……潮嶽神社（宮崎県）

夫婦仲が良くなる！

◉ひこなぎさたけうがやふきあえずのみこと

彦波瀲武鸕鷀草葺不合尊

産屋の屋根が葺き終わる前に生まれた神武天皇の父神

【異称】……天津日高日子波限建鵜葺草葺不合命、鵜葺草葺不合命

❖海神の娘たちに育てられた御子

ウガヤフキアエズ命は、ニニギ命の子で山幸彦と呼ばれるホオリ命と、海神の娘であるトヨタマビメの間に生まれた神です。

ホオリ命が海神の宮から地上に戻って兄のホデリ命を従え屈服させたのち、トヨタマビメが地上を訪れました。ホオリ命の子を身籠っており、日の神の子を海中で産むのは恐れ多いと、出産のためにはるばるやってきたのです。

トヨタマビメはすぐに産屋《うぶや》を建て、屋根を鵜《う》の羽根で葺《ふ》こうとしていたのですが、完成しないうちに産気づいて御子を産みました。これがウガヤフキアエズ命で、その名は「渚に建てた鵜の羽根の屋根が葺き終わらないうちに生まれた子」という意味になります。トヨタマビメの産屋があったとされるのが、日向灘を一望する切り立った

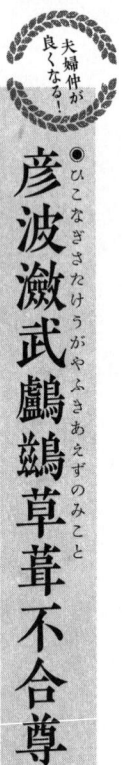

海岸の洞窟です。その洞窟内に鵜戸《うど》神宮の本殿があり、ウガヤフキアエズ命の家族が祀られています。

ところが、出産の時に本来のワニの姿に戻ったことを夫に見られたトヨタマビメは、これを恥じて海へと帰り、地上と海を繋ぐ道を閉ざすと、御子の養育を妹のタマヨリヒメ（玉依姫）に託して去っていきました。

成長したウガヤフキアエズ命は、自分を養育してくれたタマヨリヒメを妻とすると、のちに神武天皇となるカムヤマトイワレビコ命ら四人の子をもうけます。

ウガヤフキアエズ命は、天孫であるニニギ命の孫で、祖母であるコノハナノサクヤビメは山の神の娘、生母は海の神の娘、そして自身は初代天皇の父神という、華やかな家系の神様なのです。国家の繁栄を託された天孫の系譜に欠かせない五穀豊穣のご神徳に加え、安産や健やかな育児、夫婦和合、漁業や航海の安全にご利益があるとされています。

【主なご利益】……五穀豊穣、夫婦和合、安産守護
【主な神社】……鵜戸神宮（宮崎県）、宮崎神宮（宮崎県）

困難に打ち克てる！

◉神日本磐余彦尊《かむやまといわれびこのみこと》

九州高千穂より東征し、大和を征した初代天皇

【異称】……神倭伊波礼毘古命、神武天皇

❖——東征途上で兄をことごとく失う

ニニギ命の孫であるウガヤフキアエズ命には、イツセ命（五瀬命）、イナヒ命（稲飯命）、ミケイリ命（三毛入野命）、そしてカムヤマトイワレビコ命（神日本磐余彦尊）という四人の御子がいました。

このうちのカムヤマトイワレビコ命が、神と人とを繋ぐ初代天皇です。『古事記』と『日本書紀』にはその事跡が詳しく記されています。『日本書紀』からその足跡をたどってみましょう。

高千穂宮にいたイワレビコ命は、兄弟や子供たちと相談して都を東の国に遷すことにしました。水軍を率いて三人の兄と共に日向国美々津《みみつ》から船出し、豊予《ほうよ》海峡から九州北岸を経て、瀬戸内海を東進し、吉備《きび》に三年留まって船や食糧を整えたのち、さら

に東進して河内国《かわちのくに》の白肩津《しらかたのつ》から畿内に上陸します。そして生駒山を越えて大和へ入ろうとしました。

ところが、ここで立ちはだかった大和国の豪族ナガスネヒコ（長髄彦）は手強く、イワレビコ命一行は撃退されてしまいます。敗戦後、イワレビコ命は、「私たちは日の神の御子なのだから、日に向かって戦ったのが間違いだった」と気がつき、太陽を背中に負い、日の神の威光を借りて攻めかかるべく、船で南から迂回し、紀伊半島の東側に上陸して太陽を背にして進むことにしました。

▲『大日本名将鑑』に描かれた神武天皇。

しかし難波《なにわ》の海（大坂湾）から紀伊《きい》半島に沿って南下する途中、ナガスネヒコとの戦いで負傷していたイツセ命が亡くなってしまい、さらにイナヒ命は母の国である海原《うなばら》に、ミケヌ命は常世国《とこよのくに》に入り、兄弟のなかでイワレビコ命だけが残ります。

❖——八咫烏に導かれて大和を平定する

三人の兄を失いながらも、やがてなんとかイワレビコ命一行は熊野にたどりつきましたが、まだ苦難は続きます。熊野の神に毒気を浴びせられて動けなくなってしまうのです。

しかしこれを見ていたアマテラス大神やタケミカヅチ神の助力によって危機を脱すると、ようやく道が開けました。

イワレビコ命の行く手には、まだまだたくさんの荒ぶる神が待ち受けていましたが、アマテラス大神がイワレビコ命の夢に現われ、八咫烏に従ってその示す道を行けと命じます。その言葉通り一行が八咫烏に導かれて進むと、各地の国津神も抵抗することなく、イワレビコ命に従ったのでした。

その後も様々な邪神や、まつろわぬ人々の攻撃を受けますが、イワレビコ命はこれらをことごとく撃退。ついには兄の敵であるナガスネヒコを倒し、その主であったニギハヤヒ命（饒速日命）の降伏を受け入れて大和平定を成し遂げました。そして、畝《うね》傍《び》の橿原宮で即位したのです。

イワレビコ命は、曽祖父のニニギ命と同様に、穀霊神とされています。穀霊とは穀物を生長させる霊魂のこと。兄二人も稲や穀物の名を持ち、イワレビコ命自身にもそのような神格が見て取れます。

「神日本磐余彦尊」という名義は「神聖な日本の磐余の男性」という意味ですが、イワレビコ命にはいくつかの別称があります。そのうちのワカミケヌ命、トヨミケヌ命の「ミケ」は「御食」の意であり、穀物の性質を表わします。このようにイワレビコ命からは国を統治する天皇として、五穀豊穣をもたらす性質がうかがえるのです。

橿原神宮などに祀られるカムヤマトイワレビコ命のご利益は、国家安泰、天下泰平、艱難克服、開運招福など。国民が飢えず、安寧のもとに暮らせるよう見守ってくれる神様なのです。

【主なご利益】……国家安泰、艱難克服
【主な神社】……橿原神宮（奈良県）、宮崎神宮（宮崎県）、宝登山神社（埼玉県）

人生を良い方向へ導いてくれる！

八咫烏に姿を変えて神武天皇を導いた賀茂氏の祖神

◉賀茂建角身命《かもたけつぬみのみこと》

【異称】……………鴨建角身命

❖——八咫烏に化身しイワレビコ一行を大和へと導く

カモタケツヌミ命は、京都市左京区にある賀茂御祖《かものみおや》神社（下鴨神社）のご祭神です。その名は『古事記』や『日本書紀』には登場しませんが、カムヤマトイワレビコ命（神武天皇）が東征した時、アマテラス大神の命令で八咫烏《やたがらす》に姿を変え、イワレビコ命一行を大和へと導いたとされています。

『古事記』では、熊野に上陸したイワレビコ命の一行が北上している時、高木神から「八咫烏を遣わすので、これに従いなさい」との夢のお告げがありました。そして一行は八咫烏の道案内で大和に入り、まつろわぬ人々を倒していったと伝えられます。

また『日本書紀』では、イワレビコ命の枕元にアマテラス大神が現われ、八咫烏を遣わすというお告げがなされています。

▲カモタケツヌミ命の孫神にあたるカモワケイカヅチ命を祀る上賀茂神社。

一方『古語拾遺《こごしゅうい》』では、この八咫烏をカモタケツヌミ命の化身であるとし、『山城国風土記』（逸文）ではこのカモタケツヌミ命が賀茂氏の祖であると明らかにしています。

日向に天降ったカモタケツヌミ命はイワレビコ命の先導をして大和の葛城山へ入った後、山城の岡田の賀茂に至り、久我《くが》の地の高野川と賀茂川が合流する地点に鎮座しました。ここが今の下鴨神社がある場所です。

社は本来、賀茂御祖《かものみおや》神社といいますが、賀茂川の下流に祀られることで下鴨神社とも呼ばれるようになりました。

こうした事績からカモタケツヌミ命は、

古代の京都を開いた神様として敬われ、京都を守護する神様ともなりました。平安神宮を創建する時には最初にここで成功の祈願が行なわれたといわれています。

❖——カモタケツヌミ命の娘の丹塗り矢伝説

『山城国風土記』(逸文)では、カモタケツヌミ命の子の話が語られます。

カモタケツヌミ命は丹波国のイカコヤヒメ(伊可古夜比売)と結婚し、タケタマヨリヒコ命(建玉依比古命)とタケタマヨリヒメ命(建玉依比売命)の二子をもうけます。このうちタマヨリヒコ命は、のちに山城国の豪族・賀茂県主《あがたぬし》の祖となりました。

タケタマヨリヒメ命をめぐっては、小川を流れてきた、赤く塗った矢を拾って枕元に挿しておいたところ、懐妊して男の子を産んだという、有名な逸話があります。

その子が成長した時、カモタケツヌミ命が、お前の父親と思う人にこの神酒を飲ませなさいと酒杯を渡すと、天に昇っていったことから、火雷神(大山咋とも)の子であることが明らかになり、その子はカモワケイカヅチ命として上賀茂神社(賀茂別雷神社)に祀られました。

下鴨神社の祭神であるカモタケツヌミ命は、八咫烏に姿を変えて神武天皇を導いた

▲カモタケツヌミ命を祭神とする下鴨神社（賀茂御祖神社）の楼門です。

ことから、様々なことを導いてくれる神様として知られています。人生の岐路に立ったとき、カモタケツヌミ命に祈ることによって良き方向へと導いてくれるでしょう。そのほかにも勝利、合格、交通安全、旅行など、あらゆる迷いを良い方面に導いていくご神徳を持っています。

一緒に祀られているタケタマヨリヒメ命は、神の子を産んだという伝承から、縁結び、安産、子育てなど女性が気になるご神徳を持つとされています。

【主なご利益】……交通安全守護
【主な神社】……賀茂御祖神社（京都府）、青海神社（新潟県）

〈神様に尋ねたい素朴なギモン〉

天岩戸ってどれが本物?

弟スサノオ命の乱行に憤ったアマテラス大神が岩戸に籠り、世界が闇に包まれた天岩戸神話。神々の策によってアマテラス大神は岩戸の外へと導き出され、世界に再び光が戻ることとなりました。

その神話の舞台について、実は関東から九州にかけて多くの「天岩戸伝承地」が点在しています。

最も有名な伝承地は宮崎県高千穂町の天岩戸神社の御神体です。この神社の御神体はアマテラス大神が籠った天岩戸そのものなのです。その洞窟は天岩戸神社西本宮拝殿から岩戸川を挟んだ対岸に位置し、禁足地となっているため、神職といえども立ち入ることはできないといいます。さらに天岩戸近くには、神々がアマテラス大神を誘い出す会議を行なった「天安河原」や、アメノウズメ命がその枝を手に持って踊ったといわれる「招霊の木」など、伝説に関する重要な遺物が多く残っています。

宮崎県以外には、三重県の「恵利原の水穴」や奈良県の天香久山の麓に鎮座する天石立神社、元伊勢三社のひとつである京都の皇大神宮などがあります。

さらに沖縄の伊平屋島にある「クマヤ洞窟」は、最南端の伝承地とされます。

神話においても明確に場所は示されていないため、どれが正しいのかは定かではありませんが、日本人の天岩戸神話に対する強い思い入れがうかがえる現象です。

第三章 ◉ 地の神様

スサノオ命に始まる
地上の神様たちとふれ合う！

お酒が美味しくなる！

◉大山咋神《おおやまくいのかみ》

丹塗りの矢に扮して賀茂神の父となった山の神

【異称】……山末之大主神、山王権現……

❖――比叡山を守る松尾大社の神様

オオヤマクイ神は、スサノオ命の子であるオオトシ神（大年神）とアマチカルミズヒメ（天知迦流美豆比売）との間に生まれ、比叡山《ひえいざん》を臨む松尾に坐し、日吉《ひよし》大社に祀られる神様です。「咋」という字は「杭」または「主」を表わしていることから、大きな山に杭を打って所有している山の神で、雷鳴のように音を立てて飛ぶ鳴鏑《なりかぶら》を持つとされます。

このオオヤマクイ神については、『山城国《やましろのくに》風土記《ふどき》』（逸文《いつぶん》）に丹塗《にぬ》りの矢に姿を変えてタケタマヨリヒメ命（建玉依比売命）との間にカモノワケイカヅチ命（賀茂別雷命）をもうけた話が伝えられています。ある時、オオヤマクイ神は狩りに出かけましたが、獲物に向けて放った矢が外れ、小川に落ちて流されてしまいます。

それを下流で拾ったのがタケタマヨリヒメ命でした。丹塗りの美しい矢を寝所に飾って眺めていたタケタマヨリヒメ命は、いつの間にか身籠っていました。オオヤマクイ神が矢に化身して、タケタマヨリヒメ命と夫婦になっていたのです。

タケタマヨリヒメ命は、夫がオオヤマクイ神だとはわからないまま御子《みこ》を出産し、七日七晩の祝いの宴が催されました。タケタマヨリヒメ命の父であるカモタケツノミ命（賀茂建角身命）は、孫の御子に、父親と思う神に酒を注ぐように言い、御子は盃を捧げ持って天に祈りました。するとたちまち雷鳴が轟き、天に引き上げられました。この御子が、のちに上賀茂神社の祭神となるカモワケイカズチ命です。

オオヤマクイ神は、日吉神社や日枝《ひえ》神社に祀られ、縁結びや安産、家系繁栄のご利益があるとされ、日吉大社の山王祭では、オオヤマクイ神とタケタマヨリヒメ命の結婚から出産に至る様子などが華麗に再現されています。また松尾大社では、酒造の神様として全国の酒造関係者に信仰されています。

【主なご利益】……諸産業繁栄、家系繁栄、醸造の守護

【主な神社】……松尾大社（京都府）、日吉大社（滋賀県）、日枝神社（東京都）

災難から逃れられる！

◉五十猛命《いたけるのみこと》

日本全土に樹木を茂らせた植樹の神様

【異称】……大屋毘古神、木俣神

❖──緑豊かな日本の始まり

イタケル命はスサノオ命の御子神で、『日本書紀《にほんしょき》』一書《あるふみ》によると、スサノオ命が高《たか》天原《あまのはら》を追放された時に、父神と共に新羅《しらぎ》へ天降ったとされています。

天から降《くだ》る時、イタケル命はたくさんの樹木の種を持っていました。しかし、新羅の曽尸茂梨《そしもり》という地に住んだスサノオ命が、ここにはいたくないと言ったために、その種をまくことはなく、粘土で舟を造って一緒に日本に戻ります。

イタケル命は、日本に持ち帰った種を筑紫《つくし》から始めて日本全土にまきました。このため日本の山々は、青々とした樹木に覆われるようになったのです。国土の七割近くを森林に覆われる日本の景観は、こうして生まれたとされます。

植林を終えたイタケル命は、その後、木の国（のちの紀伊国）に鎮まりました。今も紀伊は日本有数の木材の生産地ですから、植樹の神であるイタケル命が鎮まるにふさわしい土地といえるでしょう。

『日本書紀』の別の一書にはこのような話も記されています。

スサノオ命が、「自分の子が治める国に、舟がないのはよくない」と言って、髭《ひげ》を抜いて撒き散らすとそれが杉になり、胸の毛は檜《ひのき》に、尻の毛は槙《まき》に、眉の毛は樟《くすのき》になりました。

さらにスサノオ命は、「杉と樟は舟を造るのによい、檜は宮殿を造るのに、槙はお棺を作るのによい」とそれぞれ使い方を定めたので、イタケル命は妹神のオオヤツヒメ命（大屋津媛命）とツマツヒメ命（柧津媛命）とともに、全国に木の種をまきました。そのためイタケル命は、妹神たち一緒に祀られている例が多いのです。

❖木の文化を生み出した神様

日本では、家々や社、寺院、宮殿、城、舟などあらゆる建造物が木材で築かれてきました。

しかも古くから木に神が宿るという信仰があり、現代でも神社の巨木などは御神木として注連縄がかけられているのを見ることができます。こうした木を敬い、多くの優れた木造建築を生み出した日本の文化は、イタケル命の伝説に始まるといっていいでしょう。

そうした経緯からイタケル命は、農業、林業の関係者はもちろん、建築業者にも信仰されてきました。

また、スサノオ命と船をつくって海を渡ったことから造船や航海安全の神とされ、時代を経ると陸上交通についてもご利益があるとされるようになりました。

『古事記』にはイタケル命の名は登場しませんが、出雲神話に登場するオオヤビコ神（大屋毘古神）と同一視されています。

オオヤビコ神は、兄弟の嫉妬を買って迫害を受け、木の国に逃げ込んできたオオクニヌシ神をかくまい、スサノオ命が統治する根の国へと導くとともに、オオクニヌシ神を災厄から救い出しました。このことから、イタケル命は、厄除け、大難除けの神ともされています。

【主なご利益】……農林殖産、木材・建築業守護、漁業・造船業守護、航海安全
【主な神社】……伊太祁曽神社（和歌山県）、八柱神社（愛知県）、来宮神社（静岡県）

夫婦仲が良くなる！

◉奇稲田姫《くしなだひめ》

八岐大蛇の脅威からスサノオ命に助けられて妻となった日本のアンドロメダ

【異称】……櫛名田比売命

❖──櫛の姿になって守られた稲田の女神

クシナダヒメは、オオヤマツミ神（大山津見神）の子であるアシナヅチ（足名椎）とその妻のテナヅチ（手名椎）の間に生まれた娘です。

クシナダヒメについては、八岐大蛇《やまたのおろち》の物語が有名です。

神々のもとから追放され出雲に降ったスサノオ命は、斐《ひ》伊《い》川《がわ》の上流から箸《はし》が流れてきたのを見つけました。川上に誰かが住んでいるのだなと思って行ってみると、上品な老人と老女が、美しい娘を囲み、三人で手を取り合って泣いています。どうしたのかと聞いてみると、老人はアシナヅチと名乗り、これまでの出来事を語り始めました。

アシナヅチは、出雲の国《くに》津《つ》神《かみ》として人々を治めながら、八人の娘と共に平和に暮らしていました。ところが、八岐大蛇という怪物が近くの山に棲みつき、毎年やって来ては娘をひとりずつ食べるようになります。唯一残ったのが、ここにいるクシナダヒメでしたが、とうとう今夜、八岐大蛇が姫を食べにやって来るというのです。

八岐大蛇は、ひとつの胴体に頭が八つ、尾が八本、目はホオズキのように真っ赤、身体中に苔がむして檜や杉が生い茂り、身体は八つの谷と八つの山に渡るほど長く、腹はいつも血でただれているとアシナヅチは説明します。しかしスサノオ命は少しも恐れることなく、クシナダヒメを妻にもらうことを条件に八岐大蛇退治を約束すると、クシナダヒメを櫛《くし》に変えて髪に挿しました。

そうしてアシナヅチに、八回発酵させて八回漉《こ》した強い酒（八塩折之酒《やしおりのさけ》）を持ってこさせ、八つの門がついた垣根を建てさせると、それぞれの門を入ったところに酒のたっぷり入った器を置き、八岐大蛇を迎え撃つ準備をしました。

夜になってやってきた八岐大蛇は、八つの門に八つの頭を突っ込んで器の酒を飲み始めます。やがて大蛇が酔いつぶれて眠りこけると、スサノオ命は八つの頭と八本の尾をズタズタに斬り刻み、八岐大蛇を退治しました。

その後スサノオ命と結ばれたクシナダヒメは、須賀の地に宮を建ててスサノオ命と共に暮らしたと伝わります。

❖ 稲田の女神とスサノオ命の関係

「奇稲田姫」という神名は、「霊妙不思議な稲田の女神」という意味です。水神に仕える御子だったともいわれ、稲田の守護霊であるこの女神に対し、これを襲う八岐大蛇を斐伊川と解釈する説が根強く唱えられてきました。すなわち、洪水によって稲田を押し流す斐伊川を制したスサノオ命は治水によって洪水を防いだ人物なのではないか……。このように考えると、神話の深みも増すことでしょう。

八岐大蛇との戦いのあと、スサノオ命と結ばれたクシナダヒメは、八重垣神社や須我神社に祀られ、稲田の神として信仰されています。一方でスサノオ命との婚姻から縁結び、多くの子孫を持つことから夫婦和合、子授かり、安産などのご利益がある女神とされます。八重垣神社の裏手にある奥之院《おくのいん》・佐久佐女《さくさめ》の森は、戦いの際に姫が難を逃れた場所とされ、鏡の池において、結婚の時期を占うことができます。

【主なご利益】……五穀豊穣、縁結び、夫婦和合
【主な神社】……八重垣神社（島根県）、氷川神社（埼玉県）、須我神社（島根県）

夫婦仲が良くなる！

須勢理毘売《すせりびめ》

夫オオナムチ神を救ったスサノオ命の娘

【異称】……須世理毘売命、和加須世理比売命、須世理姫

夫婦円満をかなえる嫉妬深き女神

スセリビメはスサノオ命の娘です。「スセリ」は「進む」の「すす」、「すさぶ」の「すさ」の意味で、勢いのまま物事を進める激しい性格を表わしています。

その性格は結婚の場面においても見られます。兄たちに追われたオオナムチ神（大己貴神、のちのオオクニヌシ神）は、スセリビメの暮らす根の国へ逃げ込みます。ここで出会ったふたりは、お互いにひと目惚《ぼ》れして結婚しました。しかしこれを気に入らないスサノオ命はオオナムチ神に数々の試練を課します。

最初は蛇が蠢《うごめ》く部屋にオオナムチ神を寝かせました。この時スセリビメが渡した布のおかげで蛇たちが寄り付かず、オオナムチ神はゆっくり休むことができました。翌日はムカデと蜂がいる部屋でしたが、同様にスセリビメの助けで難を逃れます。

スサノオ命は、最後の試練として自分の頭にいるシラミを取るように命じますが、そこにいたのはシラミではなくムカデでした。ここでもスセリビメはムクの実と赤土をそっと夫に差し出します。オオナムチ神がそれをかみ砕いて吐き出すと、スサノオ命はムカデを砕いていると思い心を許して眠ってしまいました。

その隙にオオナムチ神はスサノオ命の髪を柱に結び付け、強大な力を持つ太刀と弓矢を持って逃げ出します。スサノオ命は結局オオナムチ神を認めざるを得ず、遠ざかるオオナムチ神に「葦原中国《あしはらのなかつくに》の王になれ」と励まし、送り出しました。

こうしてオオナムチ神はスセリビメの助けで難局を乗り越えました。しかしその後、夫がヌナカワヒメ（沼河比売）を新しい妻に迎えると、スセリビメは激しく嫉妬します。夫の難局を救った勢いと嫉妬心はこの女神の偉大さの表われなのでしょう。

その後スセリビメは自分の気持ちを詠んだ歌を夫に贈って仲直りし、夫婦仲睦まじく暮らしました。そのため夫婦円満の神様として知られています。

【主なご利益】……縁結び、夫婦和合
【主な神社】……春日大社の末社夫婦大國社（奈良県）、出雲伊波比神社（埼玉県）

試験に合格する！

◉久延毘古《くえびこ》

スクナビコナ命の正体を唯一知っていた博識の神

【異称】……案山子神

❖世のなかを見通す案山子の化身

クエビコは、『古事記』の国造り神話に登場する博学の神様です。

国造りの最中、オオクニヌシ神は大勢のお供を連れている時にスクナビコナ神と出会ったのですが、スクナビコナ神は名乗ろうとしません。お供のなかにもその名や正体を知る者は誰もおらず、オオクニヌシ神は困り果ててしまいました。するとヒキガエルが近づいてきて、「クエビコなら、知っているでしょう」と言うのです。

連れてこられたクエビコは、「この神様は天上にいるカムムスヒ神（神産巣日神）の子で、スクナビコナです」と答えます。これによりオオクニヌシ神は、父神にお伺いを立て、スクナビコナ命と力を合わせて国造りをする許しを得ることができました。

クエビコは「山田の曽富騰《ソホド》」とも呼ばれていますが、これは案山子《かかし》をさします。

▲三輪山の山中に鎮座する久延彦神社。学業成就の神とされます。

「クエ」とは「崩れる」に、「ソホド」とは「濡れそぼつ」に由来する言葉。風雨に晒され、ぼろぼろになっても世のなかのすべてを見渡し、田畑を荒らす鳥獣を遠ざける案山子は、古来、農民にとって大切な存在で、神が降りる依代《よりしろ》として、また神そのものとも考えられていました。

　博識で、しかも農作物を見守るクエビコは、農作物の守護神としてだけではなく、学問上達や受験合格の神として信仰され、三輪山《みわやま》に鎮座する久延彦神社は、天神様に勝るとも劣らない信仰を集めています。

【主なご利益】……農業守護、学業成就
【主な神社】……大神神社の末社久延彦神社（奈良県）

長生きできる！

少彦名命《すくなびこなのみこと》

オオクニヌシ神の国造りを支え、常世国へ去った小さな神様

【異称】……………少名毘古那命、宿奈毘古那、少御神、須久奈比古など

❖――国造りを助けた天の神の子

クエビコにその名を当てられたスクナビコナ命は、オオクニヌシ神の国造りに力を貸す神です。『古事記』によるとスクナビコナ命は、「別天神《ことあまつかみ》」の一柱・カムムスヒ神の御子ですが、『日本書紀』ではタカミムスヒ神の御子とされています。

『古事記』には、オオクニヌシ神が美保岬《みほみさき》にいると、蛾《が》の皮の衣服をまとい、ガガイモのさやでできた舟に乗った小さな神がやって来た、とあります。物知りの案山子クエビコによって、その神がカムムスヒの子スクナビコナだと知ったオオクニヌシ神が父神のカムムスヒのもとを訪れると、スクナビコナは指の間から落としてしまったわが子であると告げ、共に国造りを行なうよう命じたのでした。

スクナビコナ命は、身体は小さくても多様な知識と不思議な能力を持っていました。

『日本書紀』では、オオクニヌシ神と兄弟となり病を除く方法や虫害・獣害を除く方法を定めたとされ、ここから医療や薬事を司る神として崇敬されるようになりました。

また各地の風土記《ふどき》では、オオクニヌシ神と共に国土を造り固めたり、稲や粟をもたらし、『伊予国《いよのくに》風土記』(逸文)では、重い病に苦しむスクナビコナ命を、オオクニヌシ神が大分の「速見湯《はやみのゆ》」から引いてきた湯で湯浴みさせて治したとあります。これが道後温泉の始まりとされ、ここからスクナビコナ命は温泉の神としても信仰されます。

また、スクナビコナ命は酒造りの神としても祀られています。古代の人は米が発酵して旨い酒ができる過程に小さな神様の力を感じたのでしょう。

八面六臂《はちめんろっぴ》の活躍を見せたスクナビコナ命でしたが、国造りがまだ完成していないというのに、粟の茎によじ登ると、その弾力を利用して、海の彼方にある不老不死の国である常世国《とこよのくに》へと渡ってしまいます。残されたオオクニヌシ神は、自分ひとりではこの国をうまく造ることはできないと途方に暮れたのでした。

【主なご利益】……知恵授け、病気平癒、諸産業繁栄
【主な神社】……大神神社(奈良県)、御嶽神社(長野県)、少彦名神社(大阪府)、湯神社(愛媛県)

武道が上達する！

建御名方神《たけみなかたのかみ》

国譲りに抵抗するも、諏訪まで追い込まれたオオクニヌシ神の子

【異称】……南方刀美神、御名方富命、建御名方富命

❖——力自慢同士の力比べ

タケミナカタ神は長野県の諏訪《すわ》大社の祭神として、篤い信仰を集める神様です。武神として有名で、戦国武将・武田信玄《たけだしんげん》などはたびたび戦勝祈願を行ないました。信玄のトレードマークともいえる白い毛のついた兜は、「諏訪法性の兜《ほっしょうかぶと》」と呼ばれ、戦いのたびに諏訪明神から借り受けていたといわれるほどです。

そうした勝負事に霊験あらたかな武神であるタケミナカタ神は、日本神話においてはオオクニヌシ神の子として『古事記』の国譲り神話に登場し、タケミカヅチ神と壮絶な一騎打ちを繰り広げます。

オオクニヌシ神とタケミカヅチ神の談判のなかで、コトシロヌシ神が国譲りを承諾したものの、オオクニヌシ神はもうひとりの御子神であるタケミナカタ神にも意見を

▲タケミナカタ神を祀る諏訪大社の上社。

聞かなくてはと言いだします。するとそこにタケミナカタ神が、なんと千引《ちびき》の石《いわ》を手先で軽々と持ち上げてやってきたのです。千引の石とは千人で引くような巨岩で、これを持ち上げて来ることで自分の力を誇示したのでしょう。

そしてタケミナカタ神は、「我が国に来て、ひそひそものを言っているのは誰だ。それなら力比べをしようではないか、まず、私がお前の手を取りひしいでみよう」とタケミカヅチ神の手を取りました。

ところがタケミカヅチ神の手は、たちまち立《たち》氷《ひ》となり、ついで鋭い剣の刃になりました。驚いたタケミナカタ神は、後ずさりします。

タケミカヅチ神は、驚くタケミナカタ神の手をつかむと、易々と握りつぶしてしまいました。

これではとてもかなわないと、タケミナカタ神は慌てて逃げ出しました。

日本海を回って能登《のと》に上陸し、南下して信濃国《しなののくに》の諏訪湖まで逃げたのですが、タケミカヅチ神は追いかけます。同地でとうとう殺されそうになったタケミナカタ神は国を譲ることに同意し、諏訪から出ないことを誓ってやっと許されました。

これ以来、タケミナカタ神は諏訪に鎮座し、諏訪大社の主祭神となりました。武神として崇められるタケミナカタ神ですが、日本神話では負けた側の神様として扱われているのです。

❖——敗者のイメージを覆す諏訪の神

ところが、諏訪地方には別の伝説が残されています。『諏訪大明神画詞《えことば》』によると、タケミナカタ神はこの地にやってきて、先住の地主神や諏訪湖の竜神などを制圧し、鎮座した神なのです。ここには、戦いに敗れて逃げ回った末、鎮座した神というイメージはありません。

いずれにせよ諏訪にいることになったタケミナカタ神ですが、腕力があることから、武神として広く信仰されました。

延暦《えんりゃく》二年（七八三）には、東北遠征へ向かう坂上田村麻呂《さかのうえのたむらまろ》が参拝に訪れて戦勝を祈願したほか、武家が政治を担うようになった鎌倉時代以降には、ますます篤く信仰されるようになり、元寇《げんこう》の際には竜神として姿を現わし、神威を発揮して蒙古《もうこ》軍を撃退させたと伝えられています。

また、タケミナカタ神はもともと諏訪地方で古くから信仰されてきた神だという説もあります。

信濃一帯を開発した山の神、風の神であり、農業に大事な水源を守る竜神・蛇神、そして弓矢に宿る狩猟神としての霊験も伝えられています。

諏訪大社上社では、毎年四月に鹿の頭部を神に捧げる御頭祭《おんとうさい》という祭りが行なわれます。これは狩猟の獲物を神に捧げ、殺生《せっしょう》を許してもらった遺風でしょう。

そうしたタケミナカタ神のご利益として、まずあげられるのは武運長久《ぶうんちょうきゅう》です。ほかにも五穀豊穣、家内安全、商売繁盛など、多くのご利益があります。

【主なご利益】……農耕守護、狩猟守護、武運長久、五穀豊穣、家内安全
【主な神社】……諏訪大社(長野県)、諏訪神社(秋田県)

災難から逃れられる！

◉ことしろぬしのみこと

事代主尊

父オオクニヌシ神に国譲りを認めさせた託宣の神様

【異称】……………事代主神、八重事代主神、積羽八重事代主神

❖――オオクニヌシ神からもっとも信頼された御子神

コトシロヌシ神は、オオクニヌシ神が多くの御子神《みこがみ》のなかで最も信頼していた神様でした。

そのことは、オオクニヌシ神が「自分には大勢の御子神がいるが、コトシロヌシ神がそれらの御子神たちの先頭に立ち、また後備に立ってお仕えすれば、万事うまく行くに違いない」と述べていることからも知られます。

アマテラス大神からタケミカヅチ神が派遣され、葦原中国《あしはらのなかつくに》を譲り渡すよう迫られた際、オオクニヌシ神は魚を獲りに美保の岬に出かけていた御子神のコトシロヌシ神に聞いて欲しいと答えます。

そこで使者がコトシロヌシ神を呼び寄せて尋ねたところ、コトシロヌシ神は、国

▲美保神社の社殿は、大社造の左右二殿連棟で「美保造」または「比翼大社造」と呼ばれる特殊な形式を取ります。

土を天津神に奉《たてまつ》ると応じ、舟を踏み傾け、普通とは逆の拍手（天の逆手《さかて》）を打って、青々とした柴垣《しばがき》のなかに隠れてしまいます。

天の逆手とは、指を下に向けて行なう拍手で、事の成就を誓う呪術的な合図だと考えられています。

また青柴垣は、神が降臨する神聖な場とされています。

❖――神の言葉を伝える託宣の神

コトシロヌシ神の神名の「事（コト）」は「言」、「代（シロ）」は「知る」の意とされ、「言を司る神」というのが定説になっています。

コトシロヌシ神がオオクニヌシ神に助言

をしている点から見ても、この神が託宣を司る神、つまりお告げを伝える神であったことがわかります。

『日本書紀』においては、神武《じんむ》天皇の皇后となる媛蹈鞴五十鈴媛命《ひめたたらいすずひめのみこと》がコトシロヌシ神の子であることが記されています。

その託宣の神としての性格は媛蹈鞴五十鈴媛命にも受け継がれ、皇室とも関わりの深い神様となっています。

コトシロヌシ神は多くの神社に祀られていますが、釣りをしていたことから、釣り竿を手にして鯛を抱えている七福神の恵比寿様と同一視されることもあります。恵比須信仰といえば、ヒルコ（二一〇頁）系統の信仰も有名ですが、コトシロヌシ神についても別系統の恵比寿《えびす》様として多くの神社で篤く信仰されてきました。

なかでも、コトシロヌシ神を祭神としている美保神社は、恵比須信仰の総本宮ともなっています。

【主なご利益】……五穀豊穣、海上安全、漁業守護
【主な神社】……美保神社（島根県）、今宮戎神社（大阪府）、三嶋大社（静岡県）

夫婦仲が良くなる!

◉やさかとめのかみ

八坂刀売神

タケミナカタ神と夫婦神として諏訪大社に祀られた諏訪の女神

【異称】……なし

❖――夫とともに諏訪の景観を象徴する

ヤサカトメ神は、国譲りの際に高天原の神々に最後まで抵抗して、タケミカヅチ神と対決したタケミナカタ神の妻です。実はタケミナカタ神は、妻のヤサカトメ神と共に夫婦神として諏訪大社に一緒に祀られているのです。

諏訪大社は、上社《かみしゃ》と下社《しもしゃ》に分かれており、上社はさらに本宮《ほんみや》と前宮《まえみや》、下社は春宮《はるみや》と秋宮《あきみや》に分かれて、四か所の神社から成っています。現在では上社と下社のどちらもタケミナカタ神とヤサカトメ神を祀っていますが、かつては上社が男神のタケミナカタ神を祀り、下社が女神のヤサカトメ神を祀っていたと考えられています。

タケミナカタ神は、『古事記』のなかで国譲りに抵抗するという役割を担っていましたが、妻のヤサカトメ神については、出雲にも諏訪にも伝えられる神話はありません。ただ、「八」は数が多いことを表わし、「坂」は山坂の意を持つことから、山の女神だと考えられます。夫であるタケミナカタ神の「ミナカタ」には水潟《みなかた》を示すものという指摘もあり、山と湖で諏訪の景観を象徴する組み合わせともいえるでしょう。

❖——冬の諏訪湖に出現するタケミナカタ神の恋の道

諏訪湖では、冬になると「御神渡《おみわた》り」という現象が起こります。

一面に氷の張った湖面を貫くように、一夜にして氷が盛り上がると、巨大な氷片が連なって、まるで湖を渡る一筋の道のようになるのです。しかも御神渡りのある夜には、氷が割れる激しい音があたりに響き渡ります。閉ざされた湖面に張った氷が、寒い夜になると縮んで割れて透き間を生じ、そこにまた薄い氷が張ります。それが朝方の暖かさで、氷は両側から押し上げられ盛り上がるのです。

この光景が昔の人々にとっては人知の及ばぬ力が働いたように見えたのでしょう。当時の人々は、この御神渡りを、上社のタケミナカタ神が、対岸の下社に鎮座するヤサカトメ神を訪ねる夜に起きるもので、亀裂はその跡だと考えました。

戦国時代頃までの諏訪湖は現在よりはるかに広く、今は湖から離れたところにある

▲冬から春先にかけて起こる諏訪湖の御神渡りは、タケミナカタ神が対岸に鎮座するヤサカトメ神に会いに行く時にできる足跡といわれます。

上社と下社の両方が湖のそばに位置していましたから、御神渡りが神の通った道だと考えられたのも自然なことでした。

そもそもは、御神渡りの起点に上社が、終点に下社が設けられたのだとも伝えられています。

タケミナカタ神とヤサカトメ神の仲は円満で、その証拠にヤサカトメ神は十三柱もの御子神を生んでいます。ヤサカトメ神にお祈りすれば、恋愛成就や縁結びのほか、夫婦円満で子孫繁栄を約束してくれることでしょう。

【主なご利益】……五穀豊穣、縁結び、夫婦和合
【主な神社】……諏訪大社(長野県)

交通事故に遭わない！

◉猿田彦神《さるたびこのかみ》

天孫降臨で道案内をした異形の国津神

【異称】……………猿田毘古神、猨田毘古大神、猨田毘古之男神

❖——異形の神が天孫を案内した

サルタビコ神は天孫降臨《てんそんこうりん》に際し、天降りするニニギ命一行を地上の高千穂《たかちほ》まで案内した神様です。この神は『日本書紀』に、背は二メートル以上、鼻の長さが約百二十センチ、眼光は八咫鏡《やたのかがみ》のように輝き、長い手足を持っていると記されており、猿とも天狗ともいえる異形の姿をしていました。

天孫降臨の際、サルタビコ神が途中の「天之八衢《あめのやちまた》」で一行を出迎えたのですが、その異形のせいか天孫の一行に怪しまれます。随行していたアメノウヅメ命が「お前は誰だ」と問うと「天孫の道案内のために来た国津神です」と答えて、雲をかきわけて天孫一行を日向の高千穂まで導いたと記されています。

先導する役目を終えたサルタビコ神は、ニニギ命の命令でアメノウヅメ命と結婚し、

▲天狗のような姿で描写されるサルタビコ神。(『鮮斎画譜』)

故郷の伊勢国の五十鈴《いすず》川のほとりに帰って暮らしました。その後、アメノウヅメ命はサルタビコ神の名をとって「猿女君《さるめのきみ》」を名乗り、猿女氏の祖となっています。

❖――伊勢の太陽神から道祖神へ

伊勢に帰ったという記述でもわかるように、サルタビコ神は伊勢と関わりが深い神様です。『伊賀国風土記《いがのくに》』(逸文《いつぶん》)によれば、伊勢国はサルタビコ神が二十万年以上にわたって治めていた地であり、伊勢の太陽神だったとされています。アメノウヅメ命と結婚したのも彼女がアマテラス大神(太陽神)に仕える巫女だったからでしょう。

そのサルタビコ神は天孫降臨を導いたこ

とから導きの神として崇拝されています。この導きの神は伊勢信仰の興隆に合わせて様々な民間信仰とも結び付いていきました。

まず道案内、行路の安全を守ってくれる神様として信仰を集めたことから、道祖神《どうそじん》と習合します。

路傍に祀られている道祖神はもともと、邪霊を祓う神様ですから、境の神とみなされ、村を守り、通行する人の安全を守ってくれる存在です。

さらにサルタビコ神は、アメノウズメ神との結婚から性器崇拝である金精《こんせい》信仰とも習合し、男女の和合や縁結び、出産などの霊験も持つようになりました。そのため金精神を祀る神社の多くはサルタビコ神が祭神となっています。また、「みちひらき」という面から道案内だけでなく様々な道を切り開くという意味で、産業を発展させる神様としても信仰を集めるようになりました。

現在は、交通安全や災難除けの神様としてのご利益を祈る人も多いようです。

【主なご利益】……災難除け、交通安全、殖産興業、夫婦円満
【主な神社】……椿大神社（三重県）、猿田彦神社（三重県）

美味しいお酒に出会える！

大山祇神《おおやまつみのかみ》

多くの子を持ち、天皇の系譜に寿命を与えた山の神

【異称】……大山津見神、大山積神

❖――天孫の神々の結婚を認めた外戚

オオヤマツミ神は、日本創世の神であるイザナキ命とイザナミ命の子。その名の通り、山を司る神とされ、山岳修験者《しゅげんじゃ》からの信仰が篤く、林業や鉱山業に従事する人々にとっての守護神とされています。

記紀神話のなかでその名はたびたび登場し、スサノオ命やニニギ命にとって義父に当たる神様でもあります。

スサノオ命と結ばれたクシナダヒメはオオヤマツミ神の孫神にあたります。ほかにもスサノオ命との間に、オオトシ神（大年神）、ウカノミタマ神（宇迦之御魂神）などをもうけたカムオオイチヒメ（神大市比売）、フハノモヂクヌスヌ神（布波能母遅久奴須奴神）を生んだコノハナチルヒメ（木花知流比売）も、オオヤマツミ神の娘です。

さらに天孫降臨ののち、日向三代の神話では、コノハナノサクヤビメ（木花開耶姫）の父神として登場します。

この時、オオヤマツミ神にはコノハナノサクヤビメのほかにイワナガヒメ（磐長姫）という娘がいたとされていますが、ふたりの娘の容姿は全く異なっていました。天降ったニニギ命が先に巡りあったのは、妹で容姿の優れたコノハナノサクヤビメでした。笠沙《かささ》の岬で姫を見たニニギ命は、その美しさにひと目惚れ。早速娘に声をかけて、娘がオオヤマツミ神の子であることを知ると、すぐさま結婚の承諾をもらいにいきます。

オオヤマツミ神も相手がアマテラス大神の直系ニニギ命であれば不足はありません。大喜びして二つ返事で結婚の許しを与えました。

ニニギ命と結ばれたコノハナノサクヤビメは、三人の兄弟を産みます。このうちのヒコホホデミ命（山幸彦）がカムヤマトイワレビコ命（神武天皇）の祖父になるので、オオヤマツミ神は初代天皇の高祖父ということになります。

❖——山の神ながら、海上交通の守護神にも

オオヤマツミ神は酒の神としての神格もあります。孫の誕生を喜んだオオヤマツミ神は、祝いの酒を神々にふるまったといわれています。現在は、酒解神《さけとけのかみ》とも呼ばれ、この神話に基づき梅宮大神などに祀られているのです。

また、コノハナノサクヤビメも酒解子神《さけとけのこかみ》と呼ばれて父子共に日本酒の祖神《おやがみ》としての顔を持っています。

オオヤマツミ神には山の守護、ひいては山の木が雨水を蓄えることから水源・水利のご利益があるとされ、さらに、コノハナノサクヤビメの伝説から、良縁や安産、姉のイワナガヒメからは長寿のご利益も得られます。

また、本来、山の神であるオオヤマツミ神ですが、伊予（愛媛県）の国主の越智《おち》氏が信奉したことから海上交通の守護神となり、海の交通安全のご利益があるともされています。

【主なご利益】……山林守護、漁業守護、鉱山業守護、醸造守護
【主な神社】……大山阿夫利神社（神奈川県）、三嶋大社（静岡県）、大山祇神社（愛媛県）

お産の苦しみが軽くなる!

◉このはなのさくやびめ
木花開耶姫

炎のなかでホデリ・ホスセリ・ヒコホホデミの三兄弟を産んだ安産の女神

【異称】……木花之佐久夜毘売、神吾田津姫命、酒解子神

❖――不義を疑われ、火のなかで出産

コノハナノサクヤビメは、富士山の神様として崇められ、静岡県富士宮市の富士山本宮浅間《せんげん》大社に祀られています。

女神は富士山の神霊であり、境内に植えられた桜をご神木とする、桜の女神ともされました。

この女神は『古事記』『日本書紀』にある日向《ひむか》三代の神話においても、重要な役割を果たしています。

高天原より地上に降ったニニギ命が、笠沙の岬でひと目惚れして求婚したのがコノハナノサクヤビメでした。姫は、山の神であるオオヤマツミ神の娘で、その名の通り桜のように美しい女性でした。

▲コノハナノサクヤビメを富士山を鎮める神として祀る富士山本宮浅間大社。

この結婚を喜んだオオヤマツミ神は、ニニギ命の系譜が栄えるようコノハナノサクヤビメを姉のイワナガヒメと共にニニギ命のもとへ送りますが、イワナガヒメが送り返されたため、コノハナノサクヤビメだけがニニギ命の妻となります。

やがてコノハナノサクヤビメは身籠りましたが、一夜の契りで妊娠するのはおかしいとニニギ命に疑われてしまいます。

そこでコノハナノサクヤビメは身の潔白を証明するために、なんと、「神の子であれば無事生まれるはずです」と出口のない産屋《うぶや》を建てて籠り、そこに火を放ったのです。そして、コノハナノサクヤビメは燃え盛る産屋のなかで三人の息子を無事出産し、不義の疑いを晴らしました。

この時生まれたのが、ホデリ命、ホスセリ命、ホオリ命（『日本書紀』ではヒコホホデミ命）の三柱の神様。そのうち末子であるホオリ命の孫がカムヤマトイワレビコ命、のちの神武天皇です。そのためコノハナノサクヤビメは、天皇家の祖先神としても敬われています。

山の神の娘であるコノハナノサクヤビメは、天皇の系譜へ続く天孫の子に山の霊力を与える役割を果たしました。同時に、三子を産んだ神話から子授けの神様、安産の神様としても敬われています。

また、火を燃やして出産するという形式は、焼畑農業のように焼くことで穀霊の新生を願う儀礼が背景にあるとされ、そのために作物の生長の願いをかなえるご利益も期待されるようになりました。

❖——富士山の噴火を鎮めた女神

コノハナノサクヤビメは、なぜ富士山の女神となったのでしょう。

実は富士山の神様として崇められるようになったのは、火の放たれた産屋で出産した神話から、炎を鎮める力を持つとされたためです。その力が噴火を繰り返していた富士山の鎮火に効果があると考えられたのです。

富士山は古くから噴火を繰り返してきました。浅間大社の社伝によると、孝霊《こうれい》天皇の時代（紀元前二九〇年～紀元前二一五年）に富士山が噴火したため、人々が離散して国が荒れ果ててしまったとあります。そして山麓の惨状を憂えた四代後の垂仁《すいにん》天皇が、火を鎮める神徳にあやかって山麓に浅間大神を祀り、山霊を鎮めたと伝えられています。

かくして富士山の噴火は姫神の神徳で鎮まり、平穏な日々が訪れました。

この浅間大神は、燃え盛る火を鎮め、出産に成功したコノハナノサクヤビメと同一視されており、その偉大な神徳が広まると、その後もたびたび繰り返された富士山の噴火から人々を守る、防火の神様としても信仰を集めるようになりました。

【主なご利益】……五穀豊穣、火難除け、安産、醸造の守護
【主な神社】……富士山本宮浅間大社（静岡県）、一宮浅間神社（山梨県）、箱根神社（神奈川県）

婚活を成功へ導く！

磐長姫《いわながひめ》

限りある寿命の原因となった哀しい女神

【異称】……石長比売

❖――イワナガヒメの悲劇

ニニギ命の義父となったオオヤマツミ神には、コノハナノサクヤビメ以外にも、イワナガヒメという娘がいました。その名の由来は、「岩のように頑丈で永久に続く」といった意味で、長寿を司る神とされます。

コノハナノサクヤビメはニニギ命の心を一瞬で摑むほどの美貌を持っていましたが、イワナガヒメの容姿はそれとは全く対照的だったとされます。

イワナガヒメには非常にかわいそうな逸話があります。

コノハナノサクヤビメにひと目惚れしたニニギ命がオオヤマツミ神に結婚の承諾を願い出て快諾された際、オオヤマツミ神は姉のイワナガヒメもニニギ命のもとへ送り出します。ところが、とても醜いイワナガヒメをニニギ命は受け入れず、オオヤマツミ神のもとへ送り返してしまったのです。

これにオオヤマツミ神は憤慨し、イワナガヒメを送った事情を吐露《とろ》します。

イワナガヒメを側におけば、長寿をもたらす力により、ニニギ命の子孫が巌のように揺るがず、寿命が永遠になるとオオヤマツミ神は考えていたのです。しかし、その心遣いを無下にしたことで、コノハナノサクヤビメの力により、ニニギ命の子孫（天皇家）は花のように栄えるものの、限りある命になってしまったのでした。

『日本書紀』一書《あるふみ》によると、寿命が限りあるものになってしまったのは、コノハナノサクヤビメにイワナガヒメがかけた呪いだったともいわれますが、イワナガヒメは貴船神社の摂社《ゆいのやしろ》や、磐長姫神社などに祀られ、縁結びのご利益があるとされています。とくに貴船神社では、和泉式部《いずみしきぶ》が夫の心変わりを案じてお参りしたところ、その心を繋ぎとめることができたといわれます。パートナーの様子がおかしいと思ったら、まずはイワナガヒメにお願いをしてみてはいかがでしょう。

【主なご利益】……縁結び、夫婦和合、延命長寿
【主な神社】……貴船神社摂社（京都府）、磐長姫神社（兵庫県）

お産の苦しみが軽くなる！

◉しおつちのおじ
塩土老翁

山幸彦を助け、神々の東北平定の先導役となった潮流の神

【異称】……………
塩椎神

❖――潮の流れを司り知識を授ける神様

山幸海幸神話（一三〇頁）に登場するシオツチは潮流を支配して海の航海術を知り、海を統治する神様です。

イザナキ命の子で別名は「塩椎神《しおつち》」。老翁と呼ばれ、長年の経験で得た豊かな知識を授け導いてくれる、物知りの神様でもあります。

海幸山幸神話では、山幸彦が兄の海幸彦の釣り針をなくし、困って海辺にたたずんでいる時にシオツチが姿を現わします。

話を聞いたシオツチは竹を透き編んだ籠の船を造り、それに山幸彦を乗せると「潮路にそってお進みなさい。魚の鱗のように家を並べて造った宮殿があります。それが海神の宮殿です。その傍らの神聖な桂の木に登っていると、海神の娘がうまく取り計

▲山幸彦(ヒコホホデミ命、ホオリ命)に海神の宮へ向かうよう助言するシオツチノオジ。(『鮮斎画譜』より)

らってくれます」と海神の宮への路を教えました。この海神のもとへ行った山幸彦は釣り針を取り戻すことに成功します。

また、シオツチは「神武東征神話」にも登場しています。ここでは日向にいたカムヤマトイワレビコ命が国を治めるのに良い土地を探していた時、この神が「東に良い国がある」と大和の情勢を教えて、東征を先導しています。

海幸山幸神話、東征神話のいずれも海辺でこの神と出会っていることからも、海の神様であることがわかります。

昔から船が安全に航行するためにも潮の流れや天候の動きを知ることは大変重要でした。

しかし海の自然は人智を超えており、人間が容易に操ったり知ったりすることはできません。そんな海の力を司る海の神の霊力を神格化したのが、シオツチだったのでしょう。

他方で、東征神話にあるように物知りの神様として、未知の世界にまつわる豊かな知識を持ち、それを用いて教え導く役割も持っていたようです。

❖——塩作りを伝えた「しおがまさん」

この神様はシオツチという名前からもわかる通り、塩の作り方を教えた神様としても有名です。

その伝承を伝えるのが今では「しおがまさん」として信仰を集めている宮城県の鹽《しお》竈《がま》神社。シオツチはこの神社の祭神として祀られています。

その社伝によれば、シオツチは高天原から降った神様で、雷と刀が神格化された武神であるタケミカヅチ神とフツヌシ神が、東北を平定する時に先導の役割を果たし、最後にこの塩竈の地に鎮座したとされます。ここでも未知の土地へと導いていく神様としての役割を果たしていたようです。

その後、タケミカヅチ神とフツヌシ神はそれぞれ鹿島神宮と香取神宮へ戻りましたが、シオツチはこの地に鎮まり、漁の方法や塩の作り方を人々に伝えたとされています。

そのため塩作り、つまり製塩の神としても知られるようになりました。

このようにシオツチは漁業、製塩を守護してきたため、産業を手助けしてくれる神様として崇拝されました。

もちろん海の神様として、古くから海上の安全、大漁を願うご利益でも信仰を集めています。

さらにシオツチは安産にもご利益があり、女性からの崇拝が篤い神様でもあります。

これは、人の生死は潮の満ち引きと関わりがあると考えられてきたことから、海と「産み」をかけたものです。大海原の大自然を司る神なので、お産の願いについても安心して託せそうです。

【主なご利益】……航海安全、大漁満足、安産、延命長寿
【主な神社】……鹽竈神社（宮城県）、塩津神社（滋賀県）

お産の苦しみが軽くなる！

◉とよたまびめ

豊玉姫

天孫の系譜に水の霊力を与えた海神の娘

【異称】……………豊玉毘売

❖——異郷の神と結婚し出産した女神

山幸・海幸神話で兄の釣り針をなくして海神の宮へと逃れてきたヒコホホデミ命（山幸彦）を助け、のちにその妻となったのが海神の娘・トヨタマビメです。

トヨタマビメの「玉」は神霊を意味し、真珠に象徴される女神です。玉の名を持つ女神は巫女としての力を持ち、異郷の神様を迎えて結婚し、その男に富と王位、そして神の子を授けるという役割がありました。

結婚により山幸彦は、海の神であるトヨタマビメから水の霊力を授けられ、穀神と水神の結合を果たしたわけです。この霊力でもって山幸彦は兄の海幸彦を降伏させ、海の支配権を手に入れます。こうして山幸彦はトヨタマビメの尽力によって従来の地上の力に加え、海の力も手に入れ、日本の支配権を手にしたのです。

トヨタマビメと山幸彦の間にはウガヤフキアエズ命（鸕鶿草葺不合尊）が生まれました。

この時、トヨタマビメは地上にやってきて産屋を作り、山幸彦に見られずに出産しようとしましたが、覗き見した山幸彦に正体であるワニの姿を見られたことを恥じ、子供を残して海へと帰ってしまいます。子供の世話をするためにつかわされた妹のタマヨリヒメを妻としたウガヤフキアエズ命が、叔母であるタマヨリヒメとの間に産んだ四子の末子が、のちに地上を支配する神武天皇です。

こうして山の力と水の力を手に入れ、日本の王にふさわしい資格を備えた天孫の、山幸彦から続く系譜が、天皇へと受け継がれていくのです。

天孫に水の力を与えたトヨタマビメは海の神であると共に、福や富をもたらす女神様としても崇拝されました。さらに子宝に恵まれ、安産がかなうというご神徳でも女性からの信仰を集める神様です。

【主なご利益】……安産、子孫繁栄、農業守護
【主な神社】……海神神社（長崎県）、豊玉姫神社（鹿児島県）、高忍日賣神社（愛媛県）

子宝に恵まれる！

◉玉依姫《たまよりひめ》

巫女的性格を持つ安産・子授けを司る神武天皇の母神

【異称】……玉依毘売命

❖各地に残る「玉依姫伝説」

タマヨリヒメ命は海神オオワタツミ神の娘で、トヨタマビメの妹にあたります。その姉とホオリ命との間に生まれた子、ウガヤフキアエズ命の養育を託されて御子を育て、のちにその子と結ばれて、イツセ命（五瀬命）、イナヒ命（稲飯命）、ミケイリノ命（三毛入野命）、カムヤマトイワレビコ命（神日本磐余彦尊）の四子を産みました。

そのため皇室の母神として重視されていますが、実は神話や伝承には「タマヨリヒメ」という女性が数多く登場しています。

たとえば『山城国風土記』（逸文）には、火雷神（大山咋神とも）の化身である丹塗《にぬ》り矢によって身籠りカモノワケイカヅチ命を産み、京都の下賀茂《しもがも》神社の祭神とされるタケタマヨリヒメが登場します。また、『古事記』の崇神天皇の段には、三輪山の大神《おおみわ》神社にまつわるイクタマヨリビメ（活玉依毘売）の伝承があります。それは見知らぬ男の子を産んだイクタマヨリビメを心配した両親が、男の衣の裾に付けた糸を手繰っていき、男が三輪山の神であることがわかったというもの。

そのほかにも熊本の玉名大神宮の祭神の玉依姫、鹿児島の開聞岳《かいもんだけ》の祭神の玉依姫など、各地で様々な「玉依姫」が祀られています。

なぜたくさんの「玉依姫」が存在するのでしょう？

それは、この名が普遍的な意味を持つからです。「玉」は神霊、「依」はよりつく意味で、神霊が依りつく女性、つまりその名は巫女的性格を示しています。そのため、多くのタマヨリヒメが神の妻となり、神の子を授かる女性として語られるのです。

オオワタツミ神の娘のタマヨリヒメもこうした女性のひとりで、神武天皇を産んだことから子宝を授けてくれる、安産を約束してくれる神様として信仰を集めました。

また、海の神の娘であるため、航海安全、漁業の神としても崇敬されています。

【主なご利益】……子孫繁栄、海上安全、漁業守護
【主な神社】……賀茂御祖神社（京都府）、吉野水分神社（奈良県）、玉前神社（千葉県）

病気が癒される！

◉大綿津見神《おおわたつみのかみ》

人の貧富を左右する力を持つ海の支配者

【異称】……海神、綿津見大神、少童命、海神豊玉彦

❖――水を支配し、貧富も左右する神様

オオワタツミ神の神名の「ワタ」とは海、「ミ」は霊のこと。つまり「偉大な海の霊」を意味する、海を司る神様です。この神様はイザナキ命とイザナミ命から生まれ、海幸山幸神話で山幸彦（ホオリ命）を助ける海の神様として登場します。

なくした釣り針を探し求めて山幸彦がオオワタツミ神の宮殿にたどり着くと、オオワタツミ神は山幸彦が立派な御子であると気づき、娘のトヨタマビメと結婚させます。

やがて、海に住む魚たちを集めて山幸彦が海に落とした釣り針を探し出したばかりか、山幸彦に海幸彦を打ち負かす知恵や、呪力を持つ塩盈珠《しおみつたま》と塩乾珠《しおふるたま》も与えました。

山幸彦がオオワタツミ神の言葉通り、釣り針を呪詛の言葉と共に後ろ手で兄に返すと、海幸彦は海で魚が獲れなくなります。そこで海幸彦は田を作りますが、海幸彦の

田には水が行き渡らず凶作になり、彼は貧しくなりました。怒った海幸彦が山幸彦を攻めると、山幸彦は塩盈珠を使って兄を溺れさせ、兄が降参すると塩乾珠を使って助けました。こうして山幸彦は海幸彦を従えることができたわけです。

この神話からオオワタツミ神はたんに海を司るのみならず、地上の水も操る水全体を支配する神様、さらに人の貧富を左右する力も持つ神様であることがわかります。

また、この神様のふたりの娘は山幸彦、さらにその子とそれぞれ結ばれました。姉妹は神武天皇の祖母と母になるので、オオワタツミ神は神武天皇の曽祖父、祖父にあたり、天皇に海の支配権を与える役割を果たしていたのでしょう。

このように海や水を支配し、貧富も左右する神様ですから、オオワタツミ神は海上安全、漁業の守護はもちろんのこと、家内安全や病気、学業、福徳などにもご神徳があり、大海原のように人々の生活を広く守ってくれる神様です。オオワタツミ神を祭神とする神社は福岡の志賀海神社、神戸の海《かい》神社などがあります。

【主なご利益】……航海安全、漁業繁栄、病気平癒、安産
【主な神社】……志賀海神社（福岡県）、海神社（兵庫県）、綿津見神社（福島県）

決めぜりふの説得力が増す！

一言主神

◉ひとことぬしのかみ

雄略天皇と対峙し、吉凶をひと言で言う葛城の神

【異称】……………なし

❖――零落していく葛城に祀られた神

言霊信仰の神ともいわれるヒトコトヌシ神は、悪い事も良い事もひと言で表わす託宣の神で、ひと言の願いであればなんでもかなえてくれるとされ、奈良県葛城地域の人々から「一言《いちごん》さん」と呼ばれて親しまれてきました。

ヒトコトヌシ神の逸話には、雄略《ゆうりゃく》天皇との出会いが描かれたものがあります。雄略天皇が葛城山に登った時、山中で天皇一行とよく似た集団に出会います。その集団を率いていたのがヒトコトヌシ神です。この話は古くは八世紀初めの『古事記』『日本書紀』から八世紀末の『続日本紀《しょくにほんぎ》』にも記されていますが、興味深いのは、出会った後のふたりの態度です。『古事記』では、ヒトコトヌシ神の正体を知った雄略天皇が武具や衣を献上して敬意を表し、次の『日本書紀』でも、この関係はあまり変

わらないのですが、ヒトコトヌシ神が雄略天皇に気を遣い、ややへりくだった言葉を遣っています。ところが『続日本紀』になると、ヒトコトヌシ神は、雄略天皇に狩りでの勝負を挑んで怒りを買い、土佐へ流されてしまいます。つまり、時代が下るごとにヒトコトヌシ神の権威が落ち、天皇の権威が強まったことを示しています。

これは雄略天皇の時代にヒトコトヌシ神を祀る葛城氏が滅ぼされたという歴史が関わっているともいわれます。葛城地方に勢力を誇っていた葛城氏は、かつて強大な力を持っていました。しかし、雄略天皇の時代、前帝安康《あんこう》天皇を暗殺した眉輪王《まよわのおう》をかくまったことから、葛城氏が雄略天皇に滅ぼされたと『日本書紀』にあり、ヒトコトヌシ神はこうした史実の影響を強く受けてしまったのかもしれません。

そうしたヒトコトヌシ神ですが、言葉に関するご利益は今も健在です。商売繁盛の神ともされることから、大事な商談でのクロージングのひと言（契約の言葉）やプロポーズの決めぜりふなどに力を発揮してくれるそうです。

【主なご利益】……心願成就
【主な神社】……葛城一言主神社（奈良県）

家に幸運がやってくる！

天日槍命《あめのひぼこ》

妻を追って新羅から日本へ渡来した太陽神

【異称】……天之日矛、天日槍命

❖——逃げた妻を追って日本へ

日本の神様のなかには、外国からやってきたとされる神様もいます。その一柱が、新羅《しらぎ》の王子だったアメノヒボコ命です。なぜアメノヒボコ命がわざわざ日本へやってきたかについては、ロマンチックな逸話が伝わっています。

新羅の王子アメノヒボコ命は、赤い玉から生まれたアカルヒメ（阿加流比売神）の美しさの虜になり、妻に迎えました。ところがアメノヒボコ命はある日、妻のアカルヒメを激しく罵《ののし》ってしまいます。するとアカルヒメは怒って、「もともと私は、日本の神なのですから、もう自分の親元の日本へ帰ります」と言い残して去ってしまいました。

アメノヒボコ命は、妻を追って日本へ向かい、アカルヒメが祀られている難波（現在の大阪）の比売碁曽《ひめごそ》社へ行こうと瀬戸内海を東へ向かったのですが、明石《あかし》海峡の神に行く手を阻まれ日本海側の但馬国《たじまのくに》の出石《いずし》地方に上陸。結局難波へ行くこともできず、同地の出石神社に鎮座しています。『播磨国《はりまのくに》風土記』では、アシハラノシコオ（葦原醜男）と土地を巡る争いを繰り広げたとあり、古くから外国から来た神として認識されていたことがうかがえます。

アメノヒボコ命の名に使われる「日」は太陽、「槍」は武器でもありますが、古代では太陽神を祀る祭具を表わします。つまり、アメノヒボコ命は太陽神でした。また、アメノヒボコ命は、新羅から「八種神宝」を持参しました。それは、緒《お》で貫いた玉二貫、浪振る比礼《ひれ》と浪切る比礼、風振る比礼と風切る比礼、奥津鏡、辺津鏡です。なお、比礼とは細長い布のことで、女性が肩にかけるものでした。

こうした新たな文化をもたらした伝承から、この神様は技術の神、陶磁器の神とされます。また、但馬国上陸後、新たな妻を迎え子宝に恵まれたことから、子宝・安産の神ともされています。

【主なご利益】……農業守護、国土開発、家内安全
【主な神社】……出石神社（兵庫県）、鏡神社（滋賀県）、陶器神社（滋賀県）

幸運が訪れる！

佐太大神《さだのおおかみ》

日本海の断崖に開いた加賀の潜戸で生まれた太陽神

【異称】……なし

❖伝承の少ない神の誕生秘話

サダ大神は『出雲国風土記』に登場し、大穴持神《おおあなもちのかみ》、熊野大神、野城《のぎ》大神と共に古代出雲の四大神とされた神様です。鎌倉時代の出雲において、この神を祀る佐太神社が出雲大社に次ぐ広大な社領を有していましたが、サダ大神の記述は少なく、知られている伝説は誕生秘話に留まります。

サダ大神の誕生の地は、島根県の加賀《かが》です。母神であるキサカヒヒメ命は、この地の大きな岩屋で出産に臨みました。ところが、その時、弓矢をなくしたことに気づき、「生まれてくる子がりっぱな男の子なら、すぐに弓矢が見つかるはず」と願うと、すぐに角製の弓矢が見つかります。それを見たキサカヒヒメ命が、「これは違う弓矢だ」とその弓矢を投げ捨てると、次に金の弓矢が現われました。するとキサカヒヒメ

▲加賀の潜戸は、『出雲国風土記』において、サダ大神が生まれた場所とされます。

命は、「ここは（岩屋のなかで）暗すぎるわ」とつぶやき、その金の弓矢を手に取り、岩に矢を射ました。

　この時、岩に刺さった矢が輝いていたので、そこから「加賀」という地名がついたといいます。この岩屋は、松江市にあって日本海に面した断崖絶壁「加賀の潜戸《くけど》」に比定されています。

　サダ大神は天孫降臨の案内役を務めたサルタビコ神とされ、「みちびきの神」として海や陸の交通安全、縁結び、安産などのご利益が知られています。

【主なご利益】……開運招福、交通安全
【主な神社】……佐太神社（島根県）

〈神様に尋ねたい素朴なギモン〉

天津神と国津神はどう違うの?

『古事記』や『日本書紀』に描かれる日本神話に登場するたくさんの神様は、大きく二つの系統に分かれています。

それが「天津神」と「国津神」の分類です。天津神は、神々の住む高天原の神々や、高天原から地上に降臨した神々を指し、国津神は地上で生まれた神と天孫降臨以前から地上に存在した神々などを指します。

『日本書紀』や、最古の歴史書『古事記』に記される神話において、スサノオ命は誕生して間もなく、父・イザナキ命の命に背いたばかりか、姉のアマテラス大神が治める高天原で暴れまわって天岩戸事件を起こすなど、混乱をもたらしました。

その乱行の罪を問われて地上に追放されることで、国津神の性格を帯びたとされます。

この結果、アマテラス大神やその子孫から成る、天津神の系譜と、スサノオ命の子孫である国津神の系譜の分離が生じました。

天津神を「天神」、国津神を「地祇」とも言い、前者は天上の雲の上に鎮まり、後者は地上の山中にあって雲や霧のなかに鎮まるとされます。

古代の日本人が、自然のなかに強く神々を意識したことが伝わってきます。

第四章 ◉ 民衆の神様

町に、集落に、家にあって
見守ってくれる神様たちを知る！

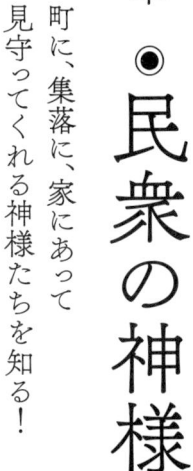

一年間幸せに過ごせる！

歳神《としがみ》

お正月に家々を訪れて豊穣をもたらす来訪神

【異称】……………大年神

❖——歳神様を迎えるお正月

お正月を迎えるにあたり、年末に大掃除をしたり、門松《かどまつ》や注連縄《しめなわ》、鏡餅などを飾ったりします。なぜ、このようなことをするのかというと、歳神様を迎えるためです。

歳神とは、年に一度、新しい年にやってくる神様です。神話のなかでは、スサノオ命とオオヤマツミ神の娘であるカムオオイチヒメ（神大市比売）の御子神とされ、『古語拾遺《こごしゅうい》』にイナゴを駆除する方法を農民に教える逸話が収録されています。

通常、神様がいらっしゃるのは、神社や神聖な特別な場所なのですが、この歳神は気さくな神で、私たちの家までわざわざやってきてくださるのです。そのため、神様に敬意を込めてきれいに掃除をし、門松や注連縄、鏡餅を飾ります。門松や注連縄は、神様への目印、鏡餅は、神様の依《よ》り代《しろ》と考えられています。

昔は、歳神を迎えるために、「歳棚《としだな》」というものをわざわざ作り、お神酒や鏡餅などのほか、食べ物を用意していた家庭も多くありました。

飾っていた餅は、家にやってきた歳神の依り代となりますから、餅には神が宿っていたことになり、神が持つ不思議なパワーが移っていると考えられました。そこで、そのパワーを皆で分けて、ご利益に与かろうとする風習が残ったのです。

また、新年の挨拶に用いる「おめでとうございます」も、本来は、新しい年でめでたいというよりも、「今年も無事に歳神を迎えることができたので安泰だ。実にめでたい」といった意味だったそうです。

歳神は、五穀豊穣の神です。歳神の「歳」は、一年という意味ですが、本来は稲が稔るの「稔」という意味で、「とし」は本来、稲の実りを意味していました。歳神様は日本人の主食である米（稲）の生育を守護し、日本人の生活を安定へと導いてくれる神様といえるでしょう。

【主なご利益】……五穀豊穣、家内安全
【主な神社】……下谷神社（東京都）、大歳御祖神社（静岡県）など交通事故に遭わない!

道祖神《どうそじん》

村を災いや悪霊から守るちょっとエッチな見た目の神様

【異称】……岐神、塞の神、道陸神

信州を中心にして、関東・中部・東北などに広く分布する道祖神の信仰は、もともと中国から入ってきたものとされています。

すでに平安時代には日本で神様としての地位は確立していたようで、本来、「ドウソ」ではなく「サエノカミ」と読んでいました。その音からわかるように、「サエ(遮る)」の神です。つまり、外から災いや悪霊が村へ入ってこないように守ってくれる神で、そのため、集落のはずれ、道の辻などに祀られています。

❖――双体道祖神のナゾ

道祖神のカタチは様々で、石に男女の神像を刻んだものや、どちらか一方の像だけのもの、石の祠《ほこら》、男性器や女性器を模した石などがあります。双体《そうたい》道祖神と呼ばれる男女の一対の道祖神像では、身体を寄せ合い仲睦まじく手を取り合っているものから、

▲路傍に佇む安曇野の常念道祖神。

キスしているもの、やさしく抱擁しているもの、はては愛し合う姿のものもあります。その形は、村を守護する神というより男女の仲を取り持つ恋愛の神様のようです。

なぜ、このような形で祀られるのかはわかっていませんが、父と娘、兄と妹など、近親相姦にまつわる伝承が語られることが多いようです。

道祖神は、災いや悪霊から集落を守り、旅の安全を保障してくれる神様です。それに加え、その容姿から縁結びや子供を守る神ともされています。

【主なご利益】……交通安全、疫病除け、五穀豊穣
【主な神社】……幸神社（京都府）、多賀神社（長野県）

お米がたくさん穫れる！

田の神《たのかみ》

山から下りてきて豊穣をもたらす稲作の神

【異称】……………なし

❖――農耕を見守り里山と里を行き来する

農業を中心とした社会を築いてきた日本人にとって、最も身近な神ともいえるのが「田の神」です。その名の通り、水田の稲作の神で、稲が豊かに実るための守り神です。また、稲だけでなく作物全般の生長も見守ってくれます。

面白いのが、田の神は、ずっと田んぼにいるわけではないことです。では、どこにいるかというと、それは山。春、田植えが始まる前に山から下りてきて、稲作を見守り、秋になって収穫が終わると、務めを果たしたとばかりに山へ帰ってしまうのです。

そして今度は、山の神になります。ただし、猟師たちが日頃から信奉している山の神とは別の神で、あくまで農民が信仰する山の神です。また、一部の地域では、正月に各家庭を訪問する歳神と同一視するところもあり、そこでは、田の神は、正月だけ

▲田園地帯の路傍に祀られる田の神。

特別に麓へ下りてくると信じられています。

現在も宮中祭祀や全国の神社で行なわれる祈年祭《きねんさい》や新嘗祭《にいなめさい》は、もともと田の神を祀ることと深い関係があるとされています。祈年祭とは、豊作を願って陰暦二月十七日に行なう神事であり、新嘗祭は秋に収穫したばかりの新穀を神々に供えるものです。

田の神のご利益といえば、稲や農作物の豊作ですが、田の神には、祖先の霊という性格もあり、子孫を守護するという役目も持っています。人々の暮らしを守ってくれる神でもあるのです。

【主なご利益】……農耕守護
【主な神社】……なし

火事に遭わない！

三宝荒神《さんぼうこうじん》

火の力で不浄や災難を取り除く竈神

【異称】……竈神、清荒神、三方荒神

❖――竈神へ転じた災厄の神

「荒神様」と呼ばれ火伏せを願う三宝荒神は、竈《かまど》の神様としても知られています。

三宝荒神は三つの顔と六本の腕がある（三面六臂《さんめんろっぴ》）像で表現され、その顔は怒りの表情を浮かべています。名の由来の「三宝」とは、仏《ぶっ》・法《ぽう》（仏の教え）・僧《そう》を指し、元は仏教の仏様でした。仏教の世界では貧困や災厄の祟りをもたらす神でしたが、やがて改心し、人々が丁寧に祀れば、怒りを鎮め、仏教にとって最も大切な三宝を守護してくれる存在へと変わったのです。

一方、日本で古来信仰された竈神は、穢れや不浄を嫌い浄化する性質から、浄化の力の強い火に対する信仰と結びつき、その後、火をよく使う竈や台所の神となりました。それが三宝荒神と結び付き、両者が同一視されるようになったのです。

▲遠野の荒神神社。地元では荒神様と呼ばれ親しまれていますが、実際に祀られているのは権現様です。

竈神は、台所に祀られていることが多いのですが、本来、不浄や災難を取り除いてくれる神様なので、防災のご利益のほか、盗難除け、子供の守り神、出産の神ともされ、さらには、農耕の神として崇められることもあります。特に三宝荒神信仰は、西日本に多いとされ、奈良県桜井市の笠山荒神社、奈良県吉野郡の立里荒神社、兵庫県宝塚市の清荒神などが三宝荒神を祀る神社として有名です。

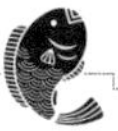

【主なご利益】……火伏せ、除災、福徳
【主な神社】……笠山荒神社（奈良県）、立里荒神社（奈良県）、清荒神（兵庫県）、光三宝荒神社（和歌山県）

仕事がうまくいく！

蛭児《ひるこ》

エビス様に進化を遂げた不完全な神

【異称】……水蛭子、蛭子神、蛭子命、恵比寿、戎大神、西宮大神

❖海に流された最初の御子神

　ヒルコは、イザナキ命とイザナミ命との間に生まれたものの、生まれてすぐに海に流されたという気の毒な神様です。

『古事記《こじき》』によると、国土の創生を命じられたイザナキ命とイザナミ命は、天《あめ》の御《み》柱《はしら》を立て、その周囲を回って国土を生み出そうとします。イザナミ命が回りながら「何と愛おしいお方」と呼びかけ、イザナキ命が「なんと美しい娘だ」と応じて交わり、生み落とした子がヒルコです。しかし本来、男性から先に声をかけなければならないのに、女神であるイザナミ命から声をかけるというタブーを犯したせいで、ヒルコは不完全な子として生まれ、葦舟《あしぶね》に乗せて海に流されてしまいました。

『日本書紀《にほんしょき》』においては、日神・月神についで生まれた子とされ、三歳になっても足

腰が立たない身体であったため、葦舟で流し捨てられたとされます。

ただしヒルコは、海のかなたに流された後、霊魂が生まれ変わり常世国《とこよのくに》で育てられ、福の神になって海岸に戻ってきたと考えられました。

もともと日本では海岸に漂着した珍しい物を「夷《えびす》（外地）」からの贈り物として信仰する風習があり、中世になるとその信仰がヒルコと結びつきます。

『源平盛衰記《げんぺいじょうすいき》』によると、海に流された「蛭子神」は摂津国西の浦に流れ着き、土地の人々がこの神を夷三郎《えびすさぶろう》と命名して育てたといいます。さらにのちに海を領する神・夷三郎大明神として西宮に祀られました。それが西宮神社の祭神です。

ヒルコはエビス神と結びついて海の守護神として祀られ、航海、豊漁などの神様として、厄災や不景気を祓い、市場を守護する性格も加わりました。そこから商業や農業へのご利益が期待されるようになり、一度は零落しながらもあらゆる産業や商売繁盛の福の神として崇められるようになったのです。

【主なご利益】……豊漁守護、海上安全、商売繁盛
【主な神社】……西宮神社（兵庫県）、蛭子神社（神奈川県）、須部神社（福井県）

仕事がうまくいく！

金屋子神《かなやこのかみ》

血は嫌いなのに死体は大好きな鍛冶の神様

【異称】……………天目一箇神

金属加工業者の信仰を集める

カナヤコ神は、鉱山を司るカナヤマビコ神とカナヤマビメ神の間に生まれた御子神で、鉄や火の神様です。その神格上、鍛冶師《かじし》やたたら師、鋳物師《いもじ》などが主に信奉していて、製鉄や鋳造など金属加工の仕事に従事する人や家、企業で多く祀られています。

信仰の分布は東北地方から九州までと非常に広く、特に盛んなのが中国地方の山間部で、総本社の金屋子《かなやご》神社も島根県の安来市《やすぎし》に鎮座しています。これはカナヤコ神が出雲国に降り立ち、安部正重という人物に鉄造りの技術を伝授したと伝わっていることや、かつて中国山地では「たたら製鉄」という製鉄が盛んに行なわれていたことと無関係ではありません。安部氏はこのたたら製鉄を全国に広め、やがて金屋子神社の祭祀を担うようになりました。

カナヤコ神は、鉄の神様ということもあり、どことなく男神のイメージがありますが、実は女神です。この神様はちょっと変わった性格を持っていて、女性や血、犬を嫌います。そのため、村下《むらげ》と呼ばれる技術長は、妻が出産したり月経の期間中は作業場に入らないようにしました。

犬が嫌いなのは、カナヤコ神が犬を天敵とする白狐に姿を変えており、村下と共にたたら場へ行く途中、犬に吠えかかられて逃げたという逸話に基づくといわれます。この時、村下が転んで死んでしまったのですが、カナヤコ神は、「村下の死骸を高《たか》殿《どの》の元山柱に括りつけて鉄を吹くように」と命令したというのです。すると、これまで以上に良質の鉄ができたそうです。

血を嫌う一方で、死の穢れは気にしないという、個性的な神様ですが、金属に関わる仕事をしている人には非常に頼りになる神様で、商売繁盛や仕事運アップのご利益もあるとされています。

【主なご利益】……製鉄業守護、鋳造業守護
【主な神社】……金屋子神社(島根県)

男女の仲がうまくいく！

金精様《こんせいさま》

子宝・安産・縁結び…… 男女の仲を取り持つ神様

【異称】……………金精大明神、金勢神

❖——一時は禁止された信仰

金精様の名は、立派で硬いことを意味する「金」と、精力絶倫を意味する「精」から名付けられました。ご神体は男根の形をしており、石製や木製、金属製など様々な材料で作られています。金精様のご利益は、縁結び、子宝に恵まれること、安産、果ては精力増強と、まさに御神体の見た目そのままのご利益にまで及びます。

明治時代、露骨すぎるとして、金精様への信仰が禁止された時期もありましたが、イザナキ命とイザナミ命が交わって国土や神々を生んだように、本来神道では男女の交わりを、国土万物創生の根源であり神聖なものと捉えていますし、古来、日本人の性に関する感覚がとてもおおらかだったことをもうかがわせます。

金精様の本源といわれるのは岩手県盛岡市にある巻堀《まきほり》神社です。創建が室町時代の

▲宮崎県小林市の陰陽石。男根や女陰の形をした奇岩は、古くから子授けや夫婦和合の象徴として敬われてきました。

長禄《ちょうろく》三年（一四五九）と伝わることから、かなり古くから金精様信仰は存在したようです。ご神体は約六十センチの石製の男根像で、祈願する時は、このご神体を模した男根の木像や石像を奉納します。

また、同じく金精様を祀る愛知県小牧市の田縣《たがた》神社では、毎年三月十五日に豊年祭が行なわれ、直径六十センチ、長さ二メートル余りの男根を御神輿に載せ、厄男たちが担いで御旅所から神社まで練り歩き奉納します。

【主なご利益】……子宝・安産、精力増強、性病平癒
【主な神社】……巻堀神社（岩手県）、金勢神社（岩手県）、田縣神社（愛知県）

婚活が成功する！

九頭龍神《くずりゅうがみ》

インド・中国から伝来してきた水を司る龍神

【異称】……九頭龍権現

縁結びの霊験が注目される！

九頭龍神は、その名の通り九つの頭を持つ龍の姿で表わされる龍神信仰の神様で、雨を降らせたり、逆に大雨を止めるなど、雨を支配する力があるとされます。

龍は日本古来の神ではなく、インドや中国で神として崇められ、その後、日本でも信仰されるようになりました。インドでは、蛇の身体と人間の顔を持つ姿で表現され、雲や雨を支配すると伝わります。その後、仏教に取り込まれると、仏法の守護神である八部衆《はちぶしゅう》のひとつとされ、さらに中国へ渡っては、鳳凰《ほうおう》・麒麟《きりん》・霊亀《れいき》と共に東西南北の四方を守る神獣となりました。

そうした九頭龍は、龍のなかでも神格が最も高いとされています。

九頭龍を祭神とする神社としては、長野市戸隠《とがくし》にある戸隠神社の奥社・九頭龍社や

▲毎年恋愛成就を願う女性たちが参拝に訪れる箱根の九頭龍神社。

神奈川県足柄下郡の箱根神社の摂社・九頭龍神社が有名です。特に箱根の九頭龍神社は、箱根神社の摂社ながら恋愛成就の霊験から人気が高く、毎月十五日に行なわれる月次祭《つきなみさい》には多くの女性参拝客を集めます。

奈良時代の萬巻上人《まんがんしょうにん》が芦ノ湖《あしのこ》に棲み人々を苦しめる毒龍を祈禱《きとう》によって改心させて仏教に帰依《きえ》させたことで、毒龍が龍神となり鎮座したと伝わり、その霊験の強さが近年注目され、縁結びの神様として知られるようになりました。

【主なご利益】……水の守護、雨乞い、事業発展
【主な神社】……九頭龍社（長野県）、九頭龍神社（神奈川県）、九頭竜大社（京都府）

安全な船旅ができる！

金刀比羅大神《ことひらのおおかみ》

インドの水神から諸産業の神様として信仰されるようになった〝こんぴらさん〟

【異称】……………金毘羅大権現

❖――山上から船の安全を見守る神様

「こんぴらさん」の愛称で知られる金刀比羅大神は、本来、インドの神です。クンビーラというガンジス川にすむワニを神格化した神で、ヒンドゥー教の水神として慕われていましたが、その後、仏教に取り込まれ、薬師十二神将の一神となりました。

金刀比羅の表記は、このクンビーラの音を漢字に当てはめたものです。

全国に約六百社ある金刀比羅神社の総本宮は香川県琴平町にある金刀比羅宮《ことひらぐう》です。縁起では、象頭山《ごずさん》に金刀比羅大神が降り立ったために、ここに社が建てられたとあります。神道では、金刀比羅大神はオオモノヌシ神と同一視されています。

金刀比羅宮のある讃岐《さぬき》平野は降雨量が少ない地域だったため、特に水神である金刀比羅大神へ頼る気持ちが強く、強い信仰に繋がっていったのでしょう。

▲象頭山に鎮座する金刀比羅宮の本殿。

また、金刀比羅宮が鎮まる象頭山が、瀬戸内海を航行する船乗りにとって目印となる山だったことから、金刀比羅大神は、やがて船の航行を守護するという役割も担うようになりました。そのため、金刀比羅大神のご利益には、水と関係の深い農業を守護する五穀豊穣に加え、海上交通の安全、そして豊漁のご神徳も加わりました。そして農業や水産業、運輸業だけでなく、産業すべての繁栄を守護する神となったのです。

【主なご利益】……豊漁、海難除け、商売繁盛
【主な神社】……金刀比羅宮（香川県）、安井金比羅宮（京都府）、金刀比羅神社（京都府）

インフルエンザにかからない！

◉疱瘡神《ほうそうがみ》

お祀りすれば見逃してくれる!? 天然痘の原因とされた疫病神

【異称】……芋明神

❖――疫病の神様を祀るという発想

疫病神《やくびょうがみ》という神は、人間にとって厄介で困ることを司る神の総称ですが、そのなかでも、ある病に特化して独立したのが疱瘡神です。疱瘡とは天然痘《てんねんとう》のことで、現代では根絶宣言された病です。

けれども、一七九六年、ジェンナーが牛痘（牛の病気）からワクチンを作って予防する方法を見つけるまでは、ひとたび流行すると、次々に感染者を出し、猛威を振るう恐ろしい病気でした。

天然痘に感染すると、全身に膿疱が生じ、約二十〜五十パーセントほどの人が死に至ります。仮に治癒しても瘢痕《はんこん》（一般的にあばたと呼ぶ）を残す厄介な感染症でした。

天然痘にかかって命を落とすのは、免疫力の弱い子供に多く、なんとか我が子を天然痘から守りたいという親心が疱瘡神を誕生させたといえるでしょう。

では、人々は疱瘡神に対してとった対応はというと、なんとか疱瘡神が近づかないようにするか、あるいは逆に、丁重に迎えて機嫌をとり、気持ちよくそのまま帰っていただくかのどちらかでした。

疱瘡神を近づけないようにする方法としては、桃太郎や武勇に優れた武将として名高い源為朝《みなもとのためとも》（鎮西八郎《ちんぜいはちろう》）の絵を描き、それを護符とするものがあります。彼らのような武勇に優れた者がいれば、さすがの疱瘡神も近づかないだろう、あるいは、仮に近づいてきても武将たちが追い払ってくれるに違いないと信じたのです。

また、疱瘡神には赤い色が有効とされ、赤い色の人形やだるまなどが神棚に置かれました。赤い色の力が疱瘡神を退散させると信じられていたようです。

一方丁重に迎える方法として行なわれたのが、疱瘡神を神として崇めるという方法です。江戸だけで疱瘡神の社が二十五もあったといわれています。

【主なご利益】……疱瘡除け、疱瘡治癒
【主な神社】……疱瘡神社（千葉県）

幸せになれる!

◉七福神《しちふくじん》

福徳を招く国際色豊かな七人の神様

【異称】……福徳神

宝船に乗ってにこやかに微笑む七人の神様「七福神」。恵比寿《えびす》、大黒天《だいこくてん》、毘沙門天《びしゃもんてん》、弁財天《べんざいてん》、布袋《ほてい》、福禄寿《ふくろくじゅ》、寿老人《じゅろうじん》という福をもたらす七柱の神様の総称です。

とても身近な神様だけに日本古来の神と思いがちですが、もとから日本の神だったのは恵比寿だけで、ほかの六人はインドや中国からやってきた神様です。

これら七福神を描いた絵を正月元日か二日に枕の下に置いて寝ると幸福に恵まれる、一年の幸せを願い正月に七福神参りをするとその年は安泰だ、などと信じられています。現代でも、七福神巡りとして七福神を祀る神社を巡るイベントが各地で行なわれ、年賀状にもよく登場するように、人気の高い福の神といえるでしょう。

【主なご利益】……福徳授与、長寿繁栄
【主な神社】……京都ゑびす神社(京都府)

布袋
千客万来の神

唯一実在のモデルがいる神。中国・唐の末期の禅僧・契此が弥勒菩薩の化身とされたことから、弥勒菩薩と同一視された。ぷっくりした体と粗末な身なりは契此の姿そのものと言われる。

弁財天
芸能と学問の神

もとは河や水を司るインドの水神サウスヴァーティー。農業での五穀豊穣のご利益のほか、清らかな水音を音楽になぞらえて音楽や芸術の神となり、さらに弁財天の「ザイ」という音から蓄財の御利益まで加わった。

寿老人
長寿の神

道教の伝説の神仙・南極老星（カノープス）の化身で、幸福や長寿、家庭円満のご利益があると言われる。

毘沙門天
武道と厄除けの神

仏教では戦いの神で北方の守護神だったが、いつからか財宝を守り、厄除けもする神となった。甲冑を身につけ、右手に宝棒、左手に宝塔を持った姿で描かれる。

大黒天
豊作と繁栄の神

もとはインドのヒンドゥー教のシヴァ神の化身。仏教に取り込まれ、日本に伝来すると、オオクニヌシ神の「大国」と「大黒」の名称が似ていたため、いつしか同一視されるようになり、俵を担ぎ、打出の小槌を持つ姿になる。そのため、金運、出世開運だけでなく、五穀豊穣、子孫愛育のご利益も加わった。

福禄寿
幸福・財運・長寿の神

中国の道教の三徳である「幸福」「封禄」「長寿」を具現化した神で、その名の通り長寿や幸福、立身出世のご利益があるとされる。

恵比寿
商売繁盛の神

鯛を持っている姿からわかるようにもとは漁業の神である。市場に祀られたことから商売繁盛の神として信仰されている。

七福神の来歴

七福神それぞれの来歴を見ると、じつに国際色豊かなメンバーであることがわかります。

嫌いな人から離れられる！

橋姫《はしひめ》

「丑の刻参り」の物語と同一視される縁切りの神様

【異称】……………宇治の橋姫

❖――交通の要衝に祀られた嫉妬深い女神

京都・宇治橋《うじばし》の西詰にある橋姫《はしひめ》神社の祭神が橋姫です。

橋姫は宇治川の上流に鎮座していたセオリツヒメ（瀬織津比売）と同一神です。川の穢《けが》れを浄化する神であり、橋を守る神でした。橋は、あの世とこの世の境界と考えられており、橋を守るということは、あの世からやってくる災厄などを防ぐ意味もあったのです。宇治橋の架橋に伴い守り神として祀られた橋姫は、交通の要衝という背景から、道祖神としての性格も帯びるようになりました。

ところが、中世以降、橋姫は嫉妬深く恐ろしい鬼神といったイメージが強くなっていきました。そのひとつに「丑《うし》の刻《こく》参り」の伝承があります。

平安時代、公家《くげ》の姫君が夫の裏切りに遭い、貴船《きぶね》神社に参拝して生きながらにして

▲宇治橋の袂に鎮座する橋姫神社。

鬼となるように願い、七日間神社に籠りました。貴船大明神のお告げを受けて自身を鬼の顔に作り変えた彼女は、今度は宇治川に二十一日間浸かって鬼女に変身し、妬ましい女や自分を見下した人々をとり殺していったといいます。

この伝説の影響により、橋姫は嫉妬深い鬼女とされ、しかしそれ故に、今では縁切りや悪縁断ちの神として信仰されています。なかでも、男女間での縁切りや悪縁断ちには抜群のご利益があるそうです。

【主なご利益】……縁切り、悪縁断ち
【主な神社】……橋姫神社(京都府)、橋姫明神(大阪府)

子宝に恵まれる!

水分神《みくまりのかみ》

水の神・豊穣の神から子授け・子守りのご利益も持つ神様

【異称】……天之水分神、国之水分神、天之水分大神

水争いを防ぎ子を授ける神

水分神とは、水源地や分水嶺で川の水の量を管理・調整する神です。稲作にとって水は最も欠かせないものであり、また大量になければ十分に稲が育たないため、しばしば農民たちの間で、水を巡る争いが起こるほどでした。そのため、水田に水を供給する源である水源地や分水嶺の管理はとても重要だったのです。

『古事記』のなかに登場する水分神としては、イザナキ命・イザナミ命の間に生まれたハヤアキツヒコ神とハヤアキツヒメ神の御子神であるアメノミクマリ命、クニノミクマリ神が挙げられます。

水分神を祀った神社として有名なのは奈良県吉野町にある吉野水分神社で、アメノミクマリ神が祭神です。水分神のご利益としては、水や農作物の五穀豊穣ですが、そ

▲水分神を祀る吉野水分神社。

れ以外にも、少し意外なご利益があります。

それが、子授け・子守りなどの子育てに関するご利益です。「水分（ミクマリ）」という音が「水籠《みこもり》（身籠り）」と訛《なま》り、さらに「コモリ（子守り）」と解されたことから、子供に対するご利益が加わったのです。

あまりにも安易なご利益のようですが、その効き目は歴史が実証済みです。実は、江戸時代の国学者・本居宣長《もとおりのりなが》の両親は、この神社に子授け祈願をし、そのかいあって宣長が誕生したそうです。

【主なご利益】……子授け、子守り
【主な神社】……吉野水分神社（奈良県）

〈神様に尋ねたい素朴なギモン〉

ご神体って いったいどんなものがあるの?

大神神社のご神体が三輪山であることは、42ページでご説明しましたが、ご神体とはそもそもどのようなものなのでしょうか。

そもそもご神体とは、人間の目には見えない神様が宿る「依代」で、古くは巨石や滝、山などがご神体とされていました。大神神社のほかにも、花窟神社や飛瀧神社など自然の造形物をご神体とする神社は数多くあります。

やがて仏教寺院の影響を受けて本殿が築かれるようになると、祭祀の場である神社にはいつでも参拝可能な御霊代がなくては都合が悪くなり、ご神体が定められて本殿に祀られるようになったのです。

ではどのようなものがご神体とされるのでしょうか。

最もポピュラーなものが鏡です。天孫降臨神話において、アマテラス大神がニニギ命に鏡を与えて「この鏡を自分と思い祀るように」と指示した影響もあり、鏡をご神体とする神社は数多くあります。

ほかにも八岐大蛇の尾から出てきたとされる、天叢雲剣(草薙剣)をご神体とする熱田神宮のように、剣を御神体とする神社や、人間の魂を表わす勾玉をご神体とする神社もあります。

ただし、ご神体の多くが非公開であり、仏像の御開帳のように拝観をさせることはありません。神霊が宿るものとして大切に扱われ、人の目に触れることはないのです。

第五章 ◉ 人物神

類稀な能力を発揮して
神と崇められた人々から力をいただく！

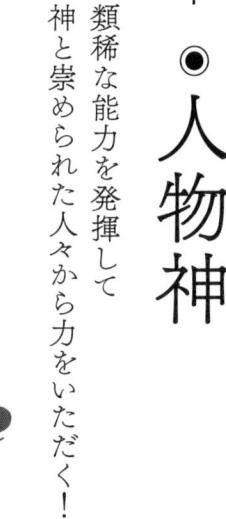

長生きできる！

吉備津彦命《きびつひこのみこと》

桃太郎のモデルとなった鬼退治の名将

【異称】……………なし

❖――じつは延命長寿の神様でもある

『日本書紀《にほんしょき》』によると、吉備津彦命は第七代孝霊《こうれい》天皇の子であり、崇神《すじん》天皇の命により、吉備（山陽地方）の平定に派遣されたとあります。そして見事同地を平定。この地方に勢力を張る吉備臣《きびのおみ》の祖先となりました。

吉備津彦にはもうひとつ、鬼退治の伝説が伝わっています。

吉備津彦はある時、天皇の命により、吉備に居座り、農民を苦しめていた温羅《うら》という鬼を退治しに派遣されました。温羅は百済《くだら》の王子で、一丈四尺もある大きな身体に赤髪を生やした奇妙な姿をしていて、力は非常に強く凶暴な性格でした。

現在の吉備津神社（岡山県）付近にそびえる「吉備の中山」に陣地を構えた吉備津彦は、この鬼と激戦を繰り広げます。

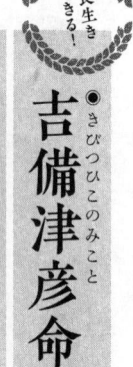

苦戦の末、吉備津彦が温羅に向かって一度に二本の矢を射ると、そのうちの一本が温羅の左目に突き刺さりました。たまらず温羅は雉《きじ》や鯉《こい》に姿を変え、もだえながら逃げ出すものの、吉備津彦がこれを追って捕縛。こうして悪者を退治し、吉備を守った吉備津彦は、厄除けや産業興隆の神様として信仰されるようになりました。

吉備津神社には、この温羅退治に由来する鳴釜神事《なるかましんじ》という占いがあります。吉備津彦に祈願したことがかなえられるかどうかを釜の鳴る音によって判断する神卜《かみうら》で、少なくとも室町時代には存在していた神事であることが確認されています。

吉備津彦には、他にもご利益があります。

現在、吉備津彦が祀られている吉備津神社の社伝によれば、吉備津彦命は吉備の中山に建てた「茅葺宮《かやぶきのみや》」で政治を行ない、なんと二百八十一歳まで生きたといいます。そのことから延命長寿の神様としての神格も持ち、病気平癒にもご利益があるとされています。

【主なご利益】……産業興隆、延命長寿、安産、家内安全、厄除け
【主な神社】……吉備津彦神社(岡山県)、吉備津神社(岡山県)、田村神社(香川県)

力が強くなる！

野見宿禰命《のみのすくねのみこと》

相撲と埴輪の起源を担う怪力の士

【異称】……土師弩美宿称

❖——埴輪を発明した土師連の祖先

〝日本の国技〟と形容される相撲の祖と伝わるのが、野見宿禰命です。野見宿禰命はアメノホヒ命を祖先に持ち、剛力で世に知られていました。

『日本書紀』垂仁《すいにん》天皇七年の記事に、野見宿禰命と当麻蹴速《たいまのけはや》の対決の話があります。蹴速は大和国の当麻村（現・奈良県北葛城郡）に住み、腕力があって、「天下にかなうものなし」といつも自慢していました。自他共に認めるほど力の強いふたりの存在を知った天皇の提案によって、ふたりは相撲をとります。現代の相撲では禁じ手ですが、このときのふたりの戦いは主に蹴り技でした。激闘の末、野見宿禰命が蹴速のあばら骨を踏み砕き、腰骨を踏み折ったことで勝負がつきました。この勝負が相撲の起源とされています。

敗れた蹴速は死に、勝者となった野見宿禰命は、褒美として天皇から当麻の地を賜りました。それが現在の奈良県桜井市にある穴師坐兵主《あなしにいますひょうず》神社の辺りとされ、神社の末社として相撲神社があり、小さな祠が祀られています。

この相撲の神様には、実はもうひとつ業績があります。

『日本書紀』によれば、当時は、天皇や皇后が亡くなると、生きた人々を墓に一緒に埋める殉葬《じゅんそう》の慣わしがあったとされています。多くの悲しみを生むこの風習を憂えた野見宿禰命は、埴土《はにつち》で人の模型を作り、殉葬の代わりに、それを副葬品とするよう天皇に勧めました。この発明を喜んだ天皇は、その模型を「埴輪《はにわ》」と名付け、野見宿禰命に土師臣《はじのおみ》という姓を与えました。この土師臣は、土師連《むらじ》（天皇の葬儀を司る者）の祖先です。

桓武天皇の時代になると、土師氏は、菅原《すがわら》の姓を与えられました。学問の神様である菅原道真は相撲の神様の末裔ということになります。

【主なご利益】……相撲守護
【主な神社】……相撲神社（奈良県）、野見宿禰神社（東京都）

勝負に勝つ！

日本武尊《やまとたけるのみこと》

西征・東征に奔走し、大和統一に貢献した英雄神

【異称】……………倭建命、小碓命

ふたつのヤマトタケル伝説

日本武尊は、熱田《あつた》神宮（愛知県）などに祀られている、日本の平和を守る神様です。

この神様は、『古事記』と『日本書紀』で描かれ方が大きく異なっています。

『古事記』では、倭建命《やまとたけるのみこと》と表記され、父である第十二代・景行《けいこう》天皇の言いつけを破った兄を殺してしまい、父から疎まれます。そして危険な我が子を遠ざけようとする父帝の命令で、倭建命は日本中を遠征することになり、遠征先で次々と反逆者たちを倒すものの、大和への帰路に亡くなってしまう悲劇の皇子として扱われています。

しかし、『日本書紀』には兄殺しの話はなく、日本武尊の残酷な側面は描かれていません。さらに、臆病な兄に代わって、東国遠征をする勇敢な心を持つ者として扱われています。

▲日本武尊を祭神とする三峯神社。

❖──白鳥となって飛び去った魂

『日本書紀』によると、日本武尊の初陣《ういじん》は九州で、同地で天皇に背く川上梟帥《かわかみのたける》を倒したとされます。日本武尊と名乗るのはこの時のことで、勇敢な行動を称えて川上梟帥が死に際に贈った名でした。大和へ戻り天皇の賞賛を浴びた日本武尊ですが、東征を命じられていた兄が怖気《おじけ》づいたため、日本武尊が自ら志願し、休むことなく東国へ遠征します。

東国へ向かう途中、日本武尊は叔母の倭《やまと》比売《ひめ》命がいる伊勢神宮へ立ち寄り、遠征成功を祈願し、倭比売命から三種の神器のひとつ、草薙剣《くさなぎのつるぎ》をもらいます。

その後日本武尊は駿河国（静岡県）で火攻めに遭いますが、火打ち石を使い草薙剣で薙ぎ払った草に火をつけ向かい火を焚いて危機を脱し、罠にはめようとした敵を討って同地を平定しました。

その後も、陸奥国《むつ》（東北地方）を平定し、常陸国《ひたち》（茨城県）、甲斐国《かい》（山梨県）、武蔵国《むさし》（東京周辺）、上野国《こうずけ》（群馬県）を巡り、信濃国《しなの》（長野県）へとたどり着いた日本武尊でしたが、近江国《おうみ》（滋賀県）の伊吹山《いぶきやま》にいるまつろわぬ神を倒しに赴いた際、病に冒され、伊勢国《いせ》（三重県）の能褒野《のぼの》で亡くなります。

景行天皇が嘆き悲しみ、日本武尊の亡骸を能褒野に埋葬すると、日本武尊の魂は白鳥になって大和へ向かい飛び去ったと伝えられます。

日本武尊が祀られている熱田神宮は皇室や武将との繋がりが深い神社です。大和統一に尽力した日本武尊を崇拝する武将は多く、織田信長《おだのぶなが》もそのひとり。桶狭間《おけはざま》の戦いの直前には勝利祈願のために訪れたといわれています。

【主なご利益】……国土平安、五穀豊穣、商売繁盛

【主な神社】……熱田神宮（愛知県）、大鳥大社（大阪府）、焼津神社（静岡県）、三峯神社（埼玉県）

良縁に恵まれる！

弟橘姫命

◉おとたちばなひめのみこと

荒ぶる海神を鎮めるべく海へ身を投げた英雄の妻

【異称】……弟橘比売、吾妻大明神、吾妻権現

❖――その身を犠牲にして日本武尊の遠征を助ける

弟橘比売命は、走水《はしりみず》神社（神奈川県）に夫・日本武尊と共に祀られている縁結びの神様です。

日本武尊は、父に命じられ日本各地を遠征するも、東征の途上で倒れた悲劇の皇子でした。この日本武尊の航海で、荒れ狂う海に身を投げて、海の神の怒りを鎮めたのが妃である弟橘姫命です。日本武尊は妻のおかげで遠征を続けることができたのです。

当時、弟橘姫命は、日本武尊の東国遠征に同行していました。

相模国の走水から上総《かずさ》国へ向かう時に、日本武尊に苦難が訪れます。日本武尊が船で一気に海を渡ろうとすると、強い風が吹いて海が一瞬にして荒れ狂ったのです。そのため一行が船を進められずにどうすることもできないでいると、弟橘姫命は、海が荒れるのは、海の神様の心が荒ぶっているからだと言い、それを鎮めるために、なんと自らの身を海に投じました。

『古事記』によると、姫は海の上に菅畳、皮畳、絹畳をそれぞれ八枚ずつ浮き広げ、その上に坐って沈んでいったといいます。

すると、荒れていた海は穏やかになり、日本武尊を乗せた船は、水の上を走るように上総国へ進みました。この表現が弟橘姫命を祀る走水神社の名の由来にもなっています。

❖――東国各地に点在する伝承地

姫のおかげで航海ができた日本武尊は、上総国の木更津《きさらづ》にたどり着きます。この時、妻が恋しい日本武尊は「君去《きみさ》らず」という心情だったようで、これが千葉県の木更津の地名の由来となりました。

また東征から大和へ帰る途中、現在の群馬県と長野県の境にある碓氷《うすい》峠で、妻のことを想い、「あ〜吾が妻よ」と言ったことから、東国を東《あずま》と呼ぶようになったという言い伝えもあります。

▲嵐の海に飛び込んで日本武尊を守った弟橘姫命を祀る走水神社。

この他にも、弟橘姫命が海に身を投げた時に脱げた帯や袖が流れ着いた地には、袖が浜、袖が浦といった地名が付けられ、今でも日本武尊と弟橘姫命のロマンスを偲ばせてくれます。

このように夫のために我が身を犠牲にして道を切り開いたことから、この神様は出世開運のご利益を持ち、海の神の怒りを鎮めたことから、海上安全の神様としても篤く信仰されています。

【主なご利益】……海上安全、出世開運、縁結び
【主な神社】……吾妻神社（千葉県）、橘樹神社（千葉県）、走水神社（神奈川県）

健康でいられる!

武内宿禰《たけのうちのすくね》

景行から仁徳まで五代の天皇に忠誠を尽くした長寿の名臣

【異称】……建内宿禰

❖――天皇家との関係の深さから、あらゆる徳をもたらす神様へ

武内宿禰は、景行・成務《せいむ》・仲哀《ちゅうあい》・応神《おうじん》・仁徳《にんとく》の五人の天皇に仕えた人物です。『日本書紀』に従えば、その寿命はなんと三百歳を超えているという伝説があります。この類稀な長寿が、そのまま延命長寿のご神徳の由来となりました。

『古事記』や『日本書紀』には、常に天皇と共に登場し、比類なき忠誠心を持っていたことが記されています。景行朝では蝦夷地を巡察し、成務天皇のもとでは、日本初の大臣《おおおみ》に就任しました。神功《じんぐう》皇后が応神天皇の摂政を務めた時代には、天皇の異母兄である香坂《かごさか》・忍熊《おしくま》皇子の反乱を討伐しました。

このように、天皇のために奔走し続ける力がみなぎっていたことから、武内宿禰は無病息災・延命長寿といったご利益のほか、さまざまなご利益を持つ神様とされてい

▲神功皇后の三韓遠征を描いた『大日本史略図絵　神功皇后』（月岡芳年画）。左の老人が武内宿禰。

ます。御祭神として祀られている宇倍神社（鳥取県）は、現在商売繁盛のご利益があることで有名です。

明治三十二年（一八九九）、日本が誇るべき功労者として、五円紙幣に武内宿禰の肖像が、この神社と共に選ばれました。これは金運にご利益のある神としても信仰されるようになるという思わぬ結果を生みました。

また、歴代天皇や皇后との関係性から多くの神社に祀られ、戦いの守り神や、厄除けの神としても信仰されています。

【主なご利益】……延命長寿、開運厄除、商売繁盛
【主な神社】……氣比神宮（福井県）、宇倍神社（鳥取県）、武雄神社（佐賀県）

お産の苦しみが軽くなる!

気長足姫尊《おきながたらしひめのみこと》（神功皇后《じんぐうこうごう》）

御子を身籠りながらも夫の代わりに戦いに出た皇后

【異称】……息長帯比売命

❖──卑弥呼と同一視される皇后

気長足姫尊は、第十四代仲哀《ちゅうあい》天皇の皇后で、第十五代応神天皇の母にあたり、神功皇后と称された方です。神を宿して神託を行なう巫女的性格を持ち、『日本書紀』では邪馬台国の女王卑弥呼《ひみこ》と同一視するような記述も見られます。

この神功皇后にまつわる二つの有名な伝承があります。

ひとつは夫の急死後に行なわれた三韓遠征です。記紀神話によると、皇后は新羅へ攻め渡り、日本の支配下に入れ、百済と高句麗《こうくり》も手中に収めました。この伝承によって、皇后は勝負に打ち勝つ神として信仰されるようになりました。

もうひとつの伝説は、皇子（応神天皇）の出産にまつわるものです。妊娠中に新羅遠征に出た皇后は、その道中に産気づきますが、遠征中に産むわけにはいきません。

▲神功皇后を祭神とする香椎宮。

そこで出産を遅らせるために、卵形の小石二個を腰につけてまじないをしました。この石は、鎮懐石《ちんかいせき》と呼ばれています。

この呪術的な力により遠征途上での出産を避けた皇后は、新羅遠征から帰った後、筑紫《つくし》国で無事に出産。のちの応神天皇となる誉田別《ほんだわけ》皇子を授かったのです。出産をコントロールし、神の子を産んだ神功皇后は、香椎宮《かしいぐう》（福岡県）などに祀られ、安産・子育ての神様として篤く信仰されています。

【主なご利益】……安産、子育て、学業成就、厄除け

【主な神社】……石清水八幡宮（京都府）、住吉大社（大阪府）、香椎宮（福岡県）

良縁が見つかる！

浦嶋太郎《うらしまたろう》

長寿の神様となった昔話の主人公

【異称】……浦嶋子

❖──『日本書紀』にも記された「浦嶋伝説」

日本昔話の「浦嶋《うらしま》太郎」は、江戸時代中期に「御伽草子《おとぎぞうし》」として刊行され、現在でも知らない人のいない有名な物語です。

この物語にはもととなった言い伝えがあり、『日本書紀』や『丹後国風土記《たんごのくにふどき》』（逸文）に収録されています。この原型となった言い伝えと現代の浦嶋太郎物語とは、竜宮城へ行く経緯などが大きく異なっています。

現代の浦嶋太郎物語では、主人公は浦嶋太郎ですが、『丹後国風土記』（逸文）では、雄略天皇の御代の人物で、本名を丹後国与謝郡水江浦嶋子《みずのえのうらのしまこ》といいます。

現代の物語では、浦嶋太郎は助けた亀の背に乗り、竜宮城へ向かい、そこの姫に歓待されます。しかし原型の浦嶋子は、三日間釣りを続けて五色の亀を捕らえたところ、その亀が女性に変身し、亀ではなく、女性によって竜宮城へ案内されたのです。

この先の物語に相違点はほとんどありません。

竜宮城で亀姫と三年間過ごした浦嶋子（浦嶋太郎）は、故郷が恋しくなり、帰る決心をします。亀姫は浦嶋子に餞別として玉手箱を渡します。浦嶋子が故郷にたどり着くと、なんとそこでは三年ではなく、三百年の時が経っていました。悲嘆に暮れ、絶対に開けてはならないと言われていた玉手箱を開けると、箱から白い煙が立ちのぼり、浦嶋子は年をとってしまいます。

現在、浦嶋子が祀られている浦嶋神社（京都府）には、この玉手箱が社宝として所蔵されています。浦嶋子は延命長寿の神様として、また亀姫と出会ったことから、縁結びの神様として信仰されています。

そして同神社にある室町時代の絵巻『浦島子絵伝』によると、浦嶋子は助けた亀の背に乗るのではなく、船で渡っていることから、航海の神ともされています。

【主なご利益】……延命長寿、縁結び
【主な神社】……宇良神社（京都府）

火事に遭わない！

柿本人麿《かきのもとのひとまろ》

三十六歌仙のひとりに選ばれ、『万葉集』にも名を遺す和歌の名人

【異称】……………柿本人麻呂、人丸

なぜ防火の神様になったのか？

柿本人麿は飛鳥時代の歌人で、「歌聖《かせい》」と称えられた歌の神様です。

『万葉集《まんようしゅう》』にある長歌と短歌合わせた七十七首が「人麻呂作」とされ、『万葉集』以前に編まれた『柿本人麻呂歌集』にある長短三百七十首ほどを合わせると、総計四百五十首近い数の作品を遺しています。

また、『万葉集』で用いられた枕詞の多くが、人麿が考案したものだと考えられており、和歌の基礎を築いた人物ともいえます。

人麿が活躍した飛鳥時代は、朝鮮半島の百済から漢詩文が入ってきた影響を受けて、日本独自の五・七調の和歌や、それを記述するための万葉仮名が発達した時代でした。

彼が最盛期を迎えたのは持統《じとう》・文武天皇の時代です。膨大な作品のなかには、恋や旅を詠ったものもありますが、「やすみしし吾大王」「高照らす日の皇子」という言葉で天皇や皇子を称える内容のものも多く、天皇と共にある宮廷歌人だったことがうかがえます。

さて、和歌の名人として誰もが崇敬するのはもちろんのことですが、柿本人麿のご利益は、実はそれだけではありません。「ひとまる＝人生まる」「ひとまる＝火止まる」という彼の名の語呂から安産や火難除けの神様として、庶民からも信仰されているのです。

一説によると人麿は、石見国《いわみ》（島根県）の現在の益田市郊外に生まれ、国司として最後に赴任した故郷・石見国で亡くなったといわれています。

彼が最期を迎えた地、島根県益田市には彼を主祭神としてお祀りしている高津柿本人麻呂神社や戸田柿本神社が鎮座しています。

【主なご利益】……和歌上達、安産、火難除け

【主な神社】……高津柿本人麻呂神社（島根県）、戸田柿本神社（島根県）、柿本神社（兵庫県）

イライラが解消する！

◉早良親王《さわらしんのう》

死後の祟りを鎮めるため、崇道天皇として祀られた悲劇の親王

【異称】……崇道天皇

❖陰謀に巻き込まれ、天皇家に災いをもたらす

上御霊《かみごりょう》神社・下御霊神社（京都府）に「八所《はっしょ》御霊」の一神として祀られている崇《す》道《どう》天皇は、厄除けにご利益があるとして信仰されている神様です。この崇道天皇はもともと早良親王といい、光仁《こうにん》天皇の皇子で、桓武《かんむ》天皇の同母弟にあたります。

早良親王は、天応元年（七八一）、桓武天皇の即位と同時に、皇太子になりました。

桓武天皇は延暦《えんりゃく》三年（七八四）に長岡京《ながおかきょう》へ遷都します。すると、その翌年、長岡京遷都の責任者である藤原種継《ふじわらのたねつぐ》が暗殺されました。事件後、暗殺の首謀者とされた大伴家持《おおとものやかもち》・大伴継人《つぐひと》らは、早良親王を天皇にしようと計画していた人物だったため早良親王自身が事件を企てたのではと疑われ、幽閉されてしまいます。

無罪を主張する早良親王は、食事も拒んで無罪を訴えるも、淡路《あわじ》へ配流される道中

に亡くなり、事件の真相もわからないまま遺骸が淡路へ送られました。

早良親王の死後、桓武天皇の周辺では次々と不吉なことが起こります。桓武天皇の夫人・藤原旅子《たびこ》と実母・高野新笠《たかののにいがさ》が立て続けに没すると、長岡京を二度の大洪水が襲い、早良親王の廃太子を受けて皇太子となった安殿《あて》親王も原因不明の病に倒れました。

安殿親王の病気を早良親王の祟りのせいと考えた朝廷は、親王に崇道天皇の尊号を与え、怨霊を鎮める儀式を繰り返しました。平安時代初期は、この世に恨みを残して死んだ貴人の霊が災厄をもたらすという御霊信仰が広がった時代だったので、崇道天皇の祟りを鎮めるために、慰霊をして神として祀ったのです。淡路にあった遺骸は大和国添上郡（奈良市八島町）の八嶋陵に改葬され、長岡京はわずか十年で平安京へと遷都することになりました。その後祟りの噂も徐々に落ち着き、今では心鎮めや疫病退散の神様として、御霊神社のほかに崇道天皇社（奈良県）にも祀られています。

【主なご利益】……心鎮め、厄除け
【主な神社】……上御霊神社（京都府）、下御霊神社（京都府）、崇道神社（京都府）、崇道天皇社（奈良県）

災厄を寄せ付けない!

平将門《たいらのまさかど》

朝敵から江戸の守り神へ転身を遂げた大怨霊

【異称】……………新皇、相馬小次郎

❖——江戸の総鎮守となった独立の英雄

平将門《たいらのまさかど》は、平安時代を代表する武将のひとりで、現在は厄除けや武運の神様として信仰されています。第五十代桓武天皇の子孫である将門は関東出身であり、京の公家社会や朝廷に従うことが嫌いな人物でした。

承平《じょうへい》五年(九三五)、関東地方の桓武天皇の子孫である平氏の間で争いが生じ、将門は伯父である平国香《くにか》を殺しました。これが平将門の乱の始まりです。将門は、自ら「新皇」を名乗り、現在の茨城県の筑波山麓に王城を置き、独立国家を築きます。

平将門の乱と時を同じくして、瀬戸内海一帯では、藤原純友《すみとも》が海賊を率いて、反乱を起こしていました。将門は純友との共謀を疑われ、将門が治める東国にいる対抗勢力と朝廷軍は将門の首に懸賞金をかけ、将門打倒に向かいました。

そして、天慶《てんぎょう》三年（九四〇）、下野《しもつけ》国（栃木県）の押領使《おうりょうし》である藤原秀郷《ひでさと》が国香の子・貞盛《さだもり》と手を組んだ追討軍によって将門は襲われ、とうとう殺されてしまいます。死んだ将門の首は、京で晒《さら》されましたが、将門側の者がそれを奪い関東へ持ち帰って、現在の東京都千代田区に首塚を築きました。

すると、将門の祟りによるとされる災いが起きるようになったため、将門の怨霊を鎮めようと、延慶《えんぎょう》二年（一三〇九）、同地に神田神社が建立され、将門は神田明神として祀られました。

江戸時代には、徳川家康《とくがわいえやす》による城下町の造営にともない、神田神社は移転、元和二年（一六一六）現在地に遷座され、江戸総鎮守となりました。この別格の扱いは、関東の分国化を目指した平将門が、江戸の庶民や家康をはじめとした関東の歴代将軍からいかに支持されていたかを物語っています。現在は関東の守護神としても信仰されている神様です。

【主なご利益】……厄除け、武運長久、関東守護

【主な神社】……神田明神（東京都）、築土神社（東京都）、国王神社（茨城県）

災厄を寄せ付けない！

◉ 安倍晴明《あべのせいめい》

呪術者たちの神として祀られた稀代の大陰陽師

【異称】……………安倍清明

❖――小説によって多くのファンを獲得

安倍晴明は、平安時代中期の天文学者であり、優秀な陰陽師《おんみょうじ》です。

その名は現在も数々の小説や映画に登場し、崇敬者やファンの多い神様です。宮殿の異変や数々の吉凶を言い当て、朝廷をはじめとした多くの人々の信望を集め、平安時代中期の最高権力者・藤原道長《みちなが》にも仕えていました。そして、朱雀《すざく》天皇から一条天皇まで六代に仕え、村上《むらかみ》天皇の時代には唐《とう》へ渡り、帰国後に日本独自の陰陽道を確立します。

そもそも陰陽道は中国の国家組織を支える知識・技術として管理されていましたが、日本に入ると呪術的な面が大きくなり、やがて貴族の生活や祭祀を支配していくようになります。一説には現在の年中行事や暦術、占法も晴明によって誕生したといわれ

▲陰陽師・安倍晴明を祭神とする晴明神社。提灯には五芒星の紋様が描かれています。

ます。一条天皇がその功績を称えて、晴明の死からわずか二年後に、彼の屋敷跡に社殿を設けたのが、現在の晴明神社です。

都の再建や度重なる大火事によって、創建当時の広大さは失ったものの、晴明の崇敬者たちによってこの神社は守られてきました。

安倍晴明は、平安京の人々を守ってきたその経歴から、現在も厄除けや病気治癒の神様として篤く信仰されています。

【主なご利益】……厄除け、病気平癒、安産、火難除け

【主な神社】……晴明神社（京都府）、安倍晴明神社（大阪府）、晴明神社（福井県）

◉崇徳上皇《すとくじょうこう》

恨みから日本の大魔縁になると誓った祟り神

【異称】……讃岐院、新院

❖保元の乱で讃岐へ流される

崇徳上皇は、現在、安井金比羅宮（京都府）などで、悪縁を切り、良縁に結び付けてくれる神様として信仰されています。

この神様は、かつてその祟りによって恐れられていました。

崇徳上皇は、元永《げんえい》二年（一一一九）に第七十四代・鳥羽《とば》天皇と待賢門院《たいけんもんいん》璋子《しょうし》の子として生まれたのですが、本当の父親はなんと鳥羽天皇の祖父・白河法皇。祖父と母の密通によって生まれた子だったのです。こうした経緯もあって崇徳は鳥羽天皇に疎まれていました。

そのため実父、白河法皇が亡くなると、後ろ盾を失った崇徳天皇は、鳥羽上皇によって退位へと追い込まれ、鳥羽の実の子・躰仁《なりひと》親王（近衛《このえ》天皇）にとって代わられてしまいます。しかし、この近衛天皇は病弱で、若くして亡くなります。

久寿《きゅうじゅ》二年（一一五五）、崇徳の異母弟にあたる雅仁親王（後白河）が第七十七代天皇に即位すると、崇徳上皇は、権力を取り戻すために、鳥羽院没後の保元元年（一一五六）七月、クーデターを起こします。これが保元の乱です。

このクーデターは、後白河天皇側の武士・平清盛《たいらのきよもり》や源義朝《みなもとのよしとも》らによって制圧されて終わります。

反乱の首謀者となった崇徳上皇に科せられた罰は、讃岐《さぬき》への配流という重いものでした。上皇は住み慣れた都へ帰ることをひたすらに願いながら、せめてもの償いとして戦死者の供養のために、三年をかけて「五部大乗経《だいじょうきょう》」の写本を書き上げます。これを京の寺に奉納しようとしたのですが、後白河天皇側から、呪詛が込められているのではないかと疑われ拒否されてしまいます。

これに凄まじい怒りを抱いた崇徳上皇は、長寛《ちょうかん》二年（一一六四）に「日本国の大魔縁《だいまえん》となり、皇を取って民とし、民を皇とする」と血書に誓いをし、それを海に沈めたといわれます。

その年に亡くなった崇徳上皇は、讃岐の白峯寺《しろみねじ》に埋葬されました。

❖――死後十三年経ち現われた祟り

崇徳上皇の祟りは、その死から十三年経った安元《あんげん》三年（一一七七）、第八十代・高《たか》倉《くら》天皇の中宮・平徳子《とくこ》の安産祈願の時に怨霊の姿となって現われました。徳子の父は、保元の乱を制圧した平清盛です。祟りを恐れた清盛は、崇徳上皇に、「崇徳院」の院号を贈り、怨霊を鎮めようとしました。

その後、源平の乱が起こり、世のなかは混乱していきます。そうなると、武家政権そのものが崇徳上皇の怨霊によってもたらされたもので、混乱した世のなかも上皇の怨霊のせいだという思想が中世から近世にかけて浸透していきました。やがて幕末、第百二十一代・孝明《こうめい》天皇は、怨霊を鎮めるために、京に白峯《しらみね》神宮を創建しようとし、その意志は、明治天皇に引き継がれ、崇徳上皇の怨霊は鎮められたといわれています。

現在では、恐れられる存在ではなく、スポーツの神様としての顔も持ちながら、白峯神宮などで崇敬を集めています。

【主なご利益】……悪縁切り、悪運切り、縁結び
【主な神社】……白峯神宮（京都府）、安井金比羅宮（京都府）

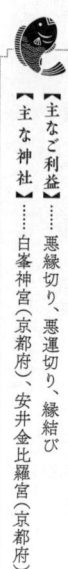

願いがかなう!

楠木正成《くすのきまさしげ》

後醍醐天皇を支え続けた誠忠の武将

【異称】……大楠公、多聞、南木明神

鎌倉幕府討幕に貢献した名将

鎌倉時代末期から南北朝時代にかけて活躍した武将である楠木正成は、国家を守り、あらゆる夢や目標をかなえてくれる神様として信仰されています。

鎌倉時代末期、後醍醐《ごだいご》天皇は、自らが政治を行ない、よりよい国をつくろうと、武家政権の鎌倉幕府討幕を試みていました。

そうした天皇をひたむきに支えたのが正成です。後醍醐天皇の討幕計画は側近の裏切りなどによって、何度も失敗を繰り返し、正慶《しょうきょう》元年（一三三二）、天皇はとうとう隠岐《おき》（島根県）へ流されました。それでも正成は諦めずに、ゲリラ戦を展開して、討幕に貢献します。

❖——武将、軍人、政治家からも崇敬される存在に

討幕後、後醍醐天皇の政治に不満を抱く者が増え、共に戦った足利尊氏《あしかがたかうじ》も天皇のもとを離れます。

それでも天皇に忠誠を誓い、側近として残った楠木正成は、延元《えんげん》元年（一三三六）、天皇の命令で足利軍を湊川《みなとがわ》（現・兵庫県神戸市）で迎え撃ちますがついに敗れ、この地で自ら死を選びました。最後まで、天皇を裏切ることなく、まっすぐな心で支え続けた正成が死の間際に言った「たとえ死んでも、七度生き返り、国のために報いる」という言葉は、「七生報国《しちしょうほうこく》」として現代に伝えられています。

楠木正成の生き様は、彼の死後、人々の心に感銘を与え、湊川には塚が設けられました。

豊臣秀吉による検地の際にも、この塚は免租地として守られました。また、元禄《げんろく》五年（一六九二）には、徳川光圀《みつくに》によって「嗚呼忠臣楠子之墓」の碑が立てられ、立派な墓になりました。

天皇や国を支えるため、正成が持ち続けた忠義の心は、幕末の志士たちの心の拠り

▲湊川神社は、楠木正成が自刃した湊川の戦いの激戦地跡に建てられました。

所となり、吉田松陰《よしだしょういん》、坂本龍馬《さかもとりょうま》、西郷隆盛《さいごうたかもり》、大久保利通《おおくぼとしみち》、伊藤博文《いとうひろぶみ》など、数多くの人物たちが彼の墓前で誓いをたて、国事に奔走しました。

現在、彼が祀られている湊川神社の創祀《そうし》の沙汰が下されたのは、明治元年（一八六八）のことで、四年後の明治五年（一八七二）に創建されました。

現在も「楠公《なんこう》さん」と親しまれているこの神様は、自らが天皇をひたむきに支え続けたように、何かを決意し、諦めない者を開運に導いてくれます。

【主なご利益】……国家安泰、開運招福、諸願成就
【主な神社】……湊川神社（兵庫県）、南木神社（大阪府）

出世・昇進できる！

東照大権現《とうしょうだいごんげん》（徳川家康《とくがわいえやす》）

◉関東を見守る神として日光に鎮座した徳川初代将軍

【異称】……………東照神君

❖——神になった徳川家康

徳川家康は、天正三年（一五七五）、長篠《ながしの》の戦いで、織田信長軍を支え、その後甲信地方をも支配下に置き、勢力を拡大していきました。そしてついに豊臣秀吉の死後、関ヶ原の戦いで、西軍の石田三成《いしだみつなり》らを倒すと、慶長《けいちょう》八年（一六〇三）には征夷大将軍になり、江戸幕府を開きます。

家康は、死後、神格化されることを望んでいました。その遺言は側近であった金地《こんち》院崇伝《いんすうでん》による『本光国師日記』にあり、「自分の死後は駿河国の久能山《くのうざん》に埋葬し、葬儀を増上寺で行ない、一周忌が過ぎたら、日光山に小さな堂を建て、関東を見守る神として鎮守させるように」と記されています。

家康が元和《げんな》二年（一六一六）に七十五歳で亡くなると、朝廷から東照大権現の神号

▲徳川家康を東照大権現として祀る日光東照宮の陽明門。華麗な装飾で彩られた、豪華絢爛な作りです。

が与えられました。また、遺言に従い、遺体は久能山に葬られ、翌年には、日光東照宮（栃木県）が建立され、改葬されました。

日光東照宮は、江戸城から見て北辰《ほくしん》（北極星）の方位にあり、この星のように動かない家康の確固たる地位を示しています。

二百六十五年も続いた江戸幕府。世界史的にも類を見ない長期にわたる泰平の時代を築いた東照大権現は現在、日光東照宮をはじめとする各地の東照宮に、開運や勝負運の神様として祀られています。

【主なご利益】……国家安泰、勝負運、子授け
【主な神社】……日光東照宮（栃木県）、龍城神社（愛知県）、久能山東照宮（静岡県）

八幡秋田神社
秋田市に鎮座し、
佐竹義宣らを祭神とする。
尾山神社
石川県金沢市に鎮座し、
前田利家を祭神とする。
上杉神社
山形県米沢市に鎮座し、
上杉謙信を主祭神とする。
日光東照宮
栃木県日光市に鎮座し、
東照大権現(徳川家康)を
主祭神とする。
真田神社
長野県上田市の
上田城本丸に鎮座し、
真田昌幸・信繁父子を
祭神とする。
武田神社
山梨県甲府市に鎮座し、
武田信玄を主祭神とする。
井伊神社
滋賀県彦根市に鎮座し、
井伊直政を主祭神とする。
建勲神社
京都市北区の船岡山の中腹に鎮座。
織田信長を主祭神とする。
豊国神社
京都市東山区に鎮座し、
豊臣秀吉を主祭神とする。

神になった戦国武将

徳川家康とほぼ同時代に活躍した戦国武将たちは、勝者・敗者問わず神格化され、全国各地で祀られている。

柴田神社
福井市に鎮座。
柴田勝家を主祭神とし、
妻の市を配祀する。

光雲神社
福岡市中央区に鎮座。
黒田孝高・長政父子を
主祭神とする。

饒津神社
広島市東区に鎮座し、
浅野長政、幸長、長晟を
主祭神とする。

三柱神社
福岡県柳川市に鎮座し、
立花道雪・宗茂・誾千代を
祭神とする。

加藤神社
熊本県熊本市の
熊本城内に鎮座し、
加藤清正を主祭神とする。

徳重神社
鹿児島県日置市に鎮座し、
島津義弘を祭神とする。

山内神社
高知市に鎮座。
山内一豊を
主祭神とする。

秦神社
高知市に鎮座し、
長宗我部元親を主祭神とする。

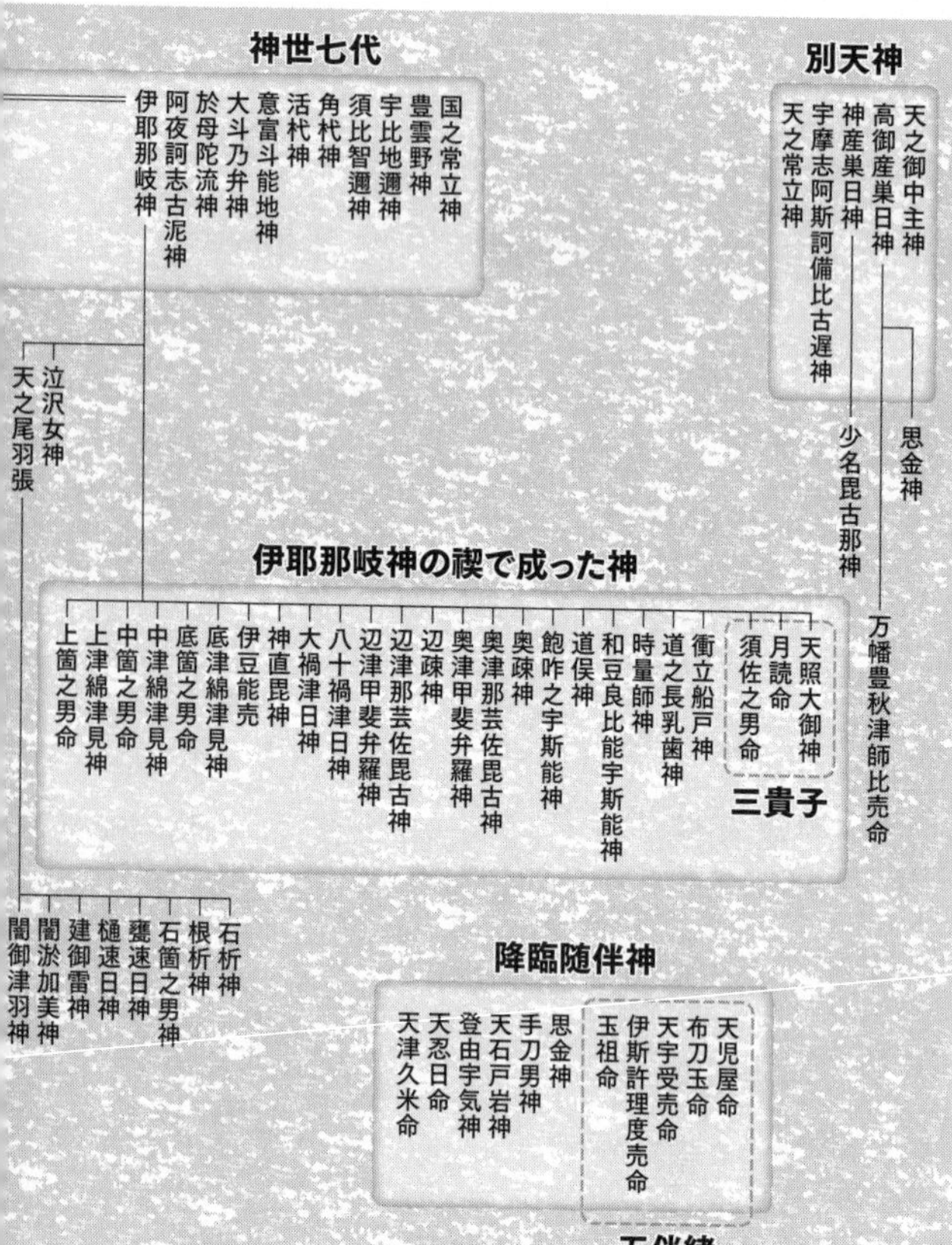

別天神
天之御中主神
高御産巣日神
神産巣日神
宇摩志阿斯訶備比古遅神
天之常立神
思金神
少名毘古那神
万幡豊秋津師比売命
神世七代
国之常立神
豊雲野神
宇比地邇神
須比智邇神
角杙神
活杙神
意富斗能地神
大斗乃弁神
於母陀流神
阿夜訶志古泥神
伊耶那岐神
泣沢女神
天之尾羽張
伊耶那岐神の禊で成った神
天照大御神
月読命
須佐之男命
三貴子
衝立船戸神
道之長乳歯神
時量師神
和豆良比能宇斯能神
道俣神
飽咋之宇斯能神
奥疎神
奥津那芸佐毘古神
奥津甲斐弁羅神
辺疎神
辺津那芸佐毘古神
辺津甲斐弁羅神
八十禍津日神
大禍津日神
神直毘神
伊豆能売
底津綿津見神
底箇之男命
中津綿津見神
中箇之男命
上津綿津見神
上箇之男命
石析神
根析神
石箇之男神
甕速日神
樋速日神
建御雷神
闇淤加美神
闇御津羽神
降臨随伴神
天児屋命
布刀玉命
天宇受売命
伊斯許理度売命
玉祖命
五伴緒
思金神
手刀男神
天石戸岩神
登由宇気神
天忍日命
天津久米命

神統譜 その一、天津神①

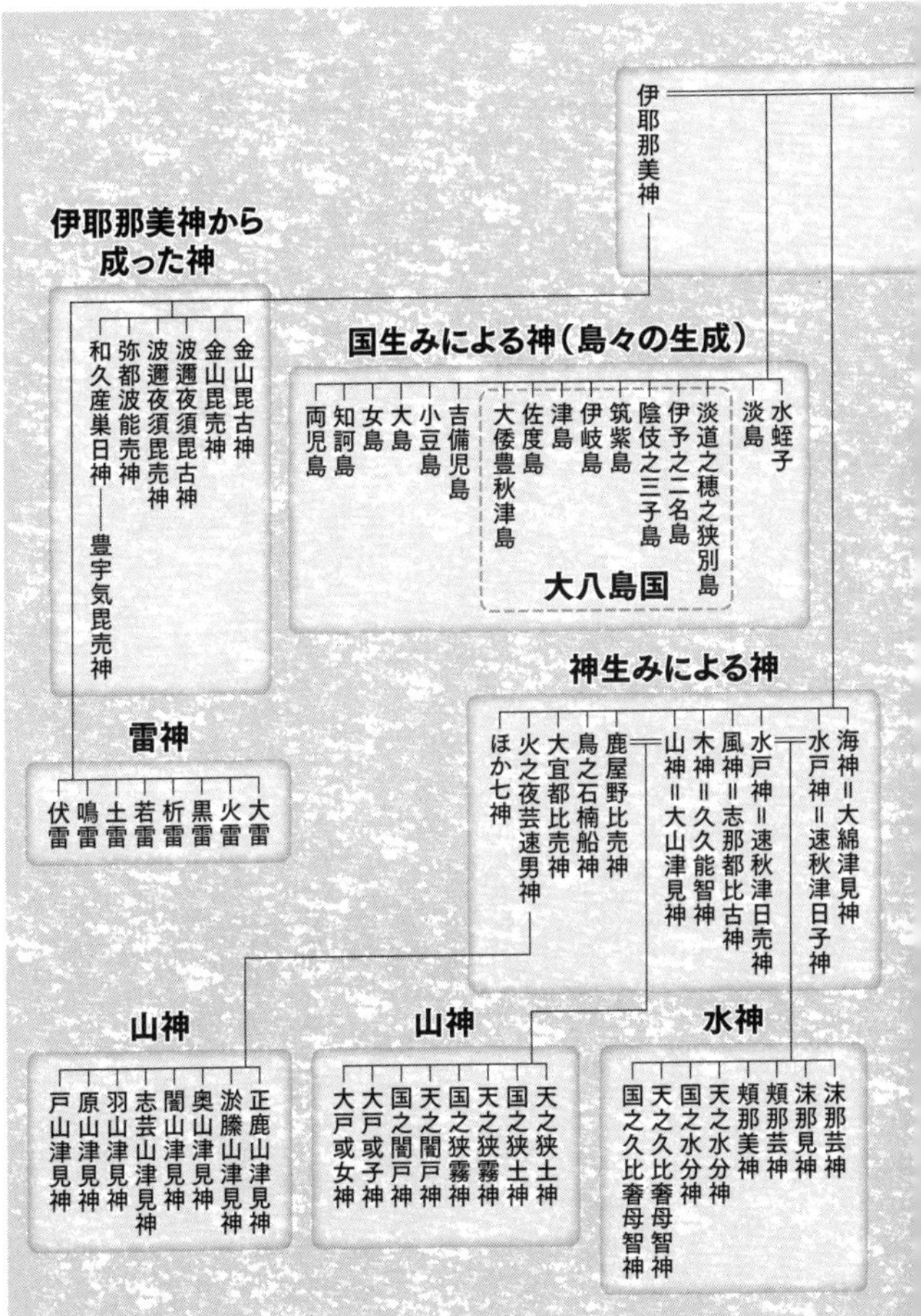
伊耶那美神
伊耶那美神から成った神
金山毘古神
金山毘売神
波邇夜須毘古神
波邇夜須毘売神
弥都波能売神
和久産巣日神
豊宇気毘売神
雷神
大雷
火雷
黒雷
析雷
若雷
土雷
鳴雷
伏雷
国生みによる神（島々の生成）
水蛭子
淡島
淡道之穂之狭別島
伊予之二名島
隠伎之三子島
筑紫島
伊岐島
津島
佐度島
大倭豊秋津島
大八島国
吉備児島
小豆島
大島
女島
知訶島
両児島
神生みによる神
海神＝大綿津見神
水戸神＝速秋津日子神
水戸神＝速秋津日売神
風神＝志那都比古神
木神＝久久能智神
山神＝大山津見神
鹿屋野比売神
鳥之石楠船神
大宜都比売神
火之夜芸速男神
ほか七神
水神
沫那芸神
沫那美神
頬那芸神
頬那美神
天之水分神
国之水分神
天之久比奢母智神
国之久比奢母智神
山神
天之狭土神
国之狭土神
天之狭霧神
国之狭霧神
天之闇戸神
国之闇戸神
大戸或子神
大戸或女神
山神
正鹿山津見神
淤縢山津見神
奥山津見神
闇山津見神
志芸山津見神
羽山津見神
原山津見神
戸山津見神

※神名と系譜は『古事記』に基づく。

神統譜　その二、天津神②

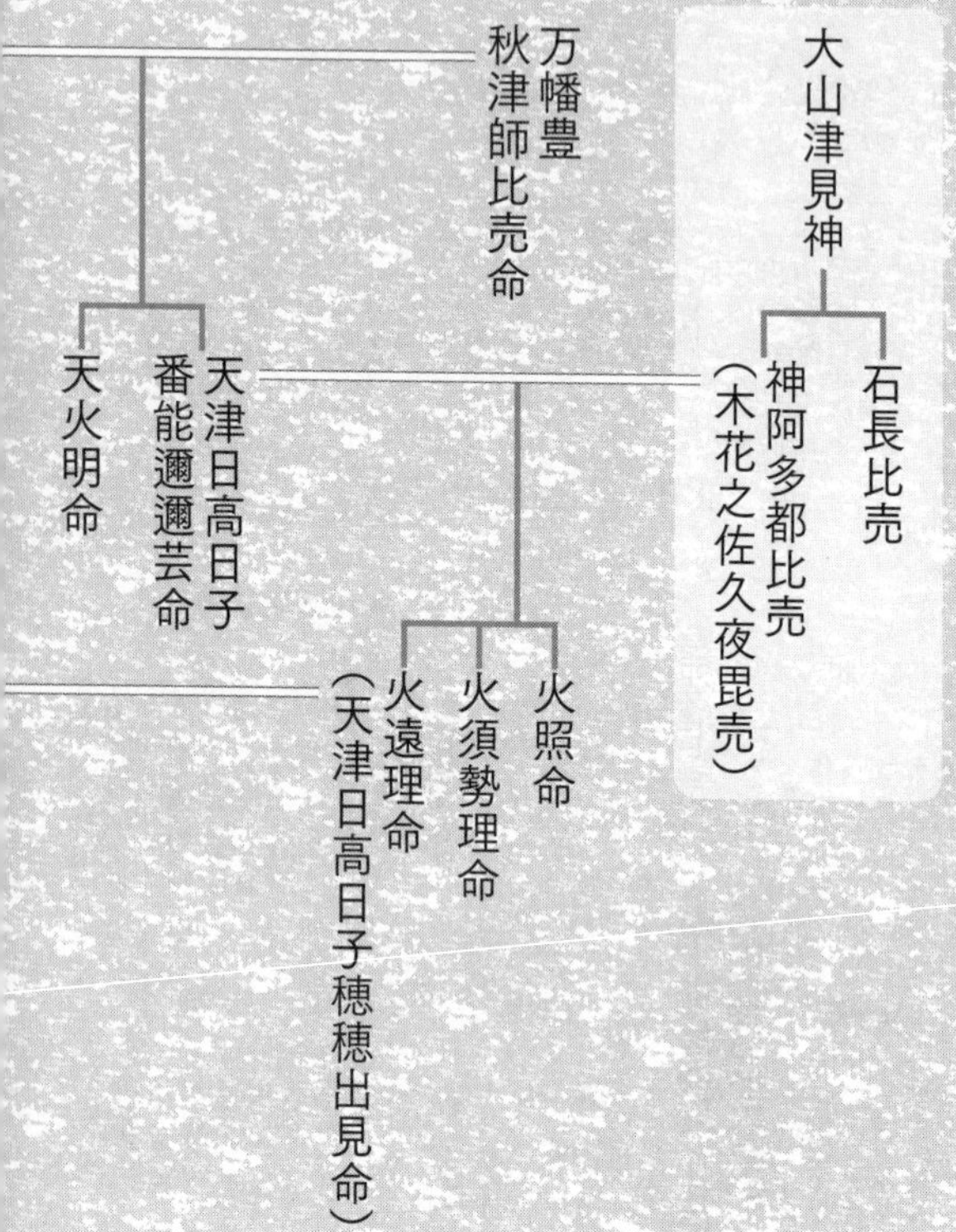

※神名と系譜は『古事記』に基づく。
※　　は国津神

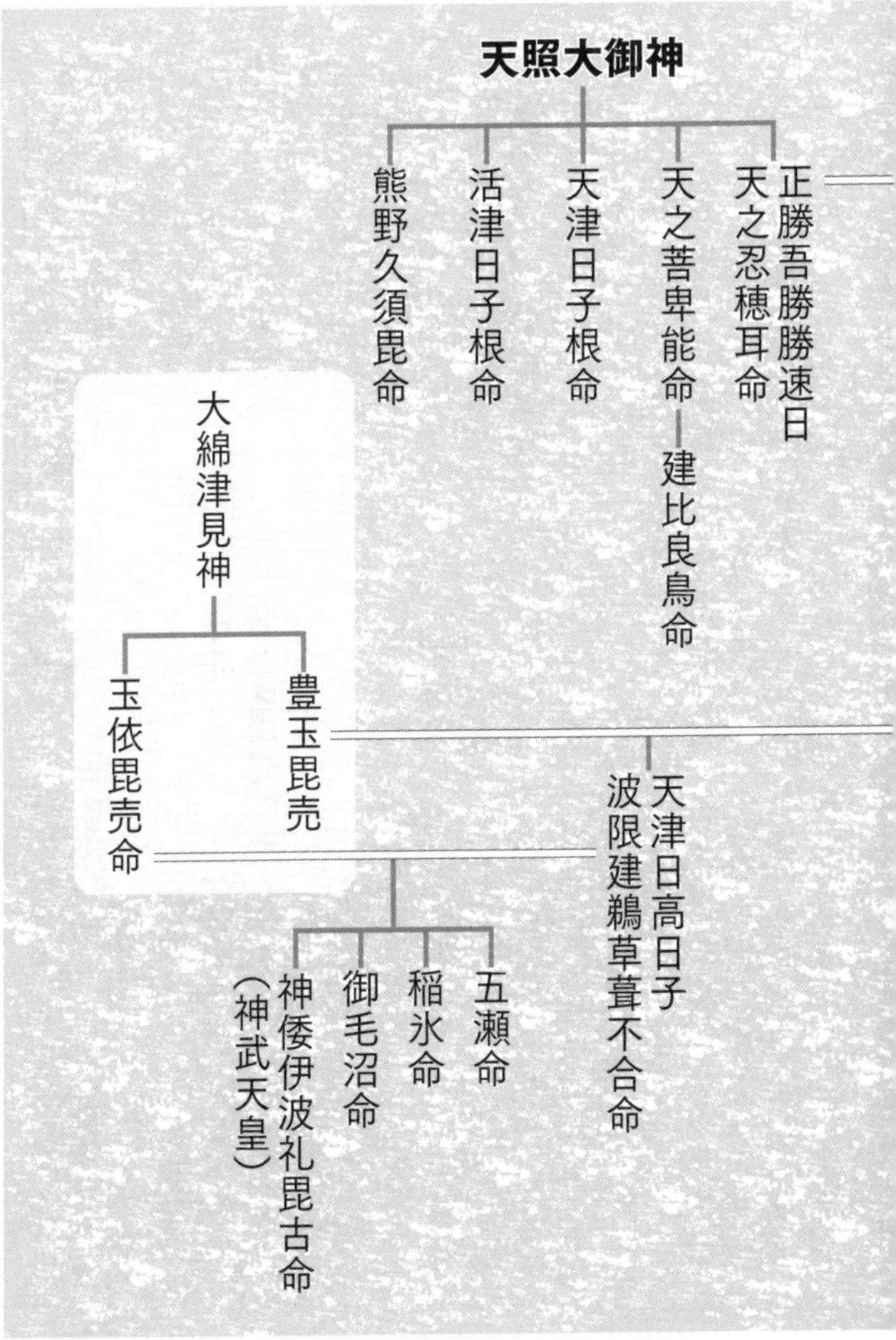
天照大御神
正勝吾勝勝速日天之忍穂耳命
天之菩卑能命
天津日子根命
活津日子根命
熊野久須毘命
建比良鳥命
大綿津見神
豊玉毘売
玉依毘売命
天津日高日子波限建鵜草葺不合命
五瀬命
稲氷命
御毛沼命
神倭伊波礼毘古命
（神武天皇）

神統譜 その三、国津神

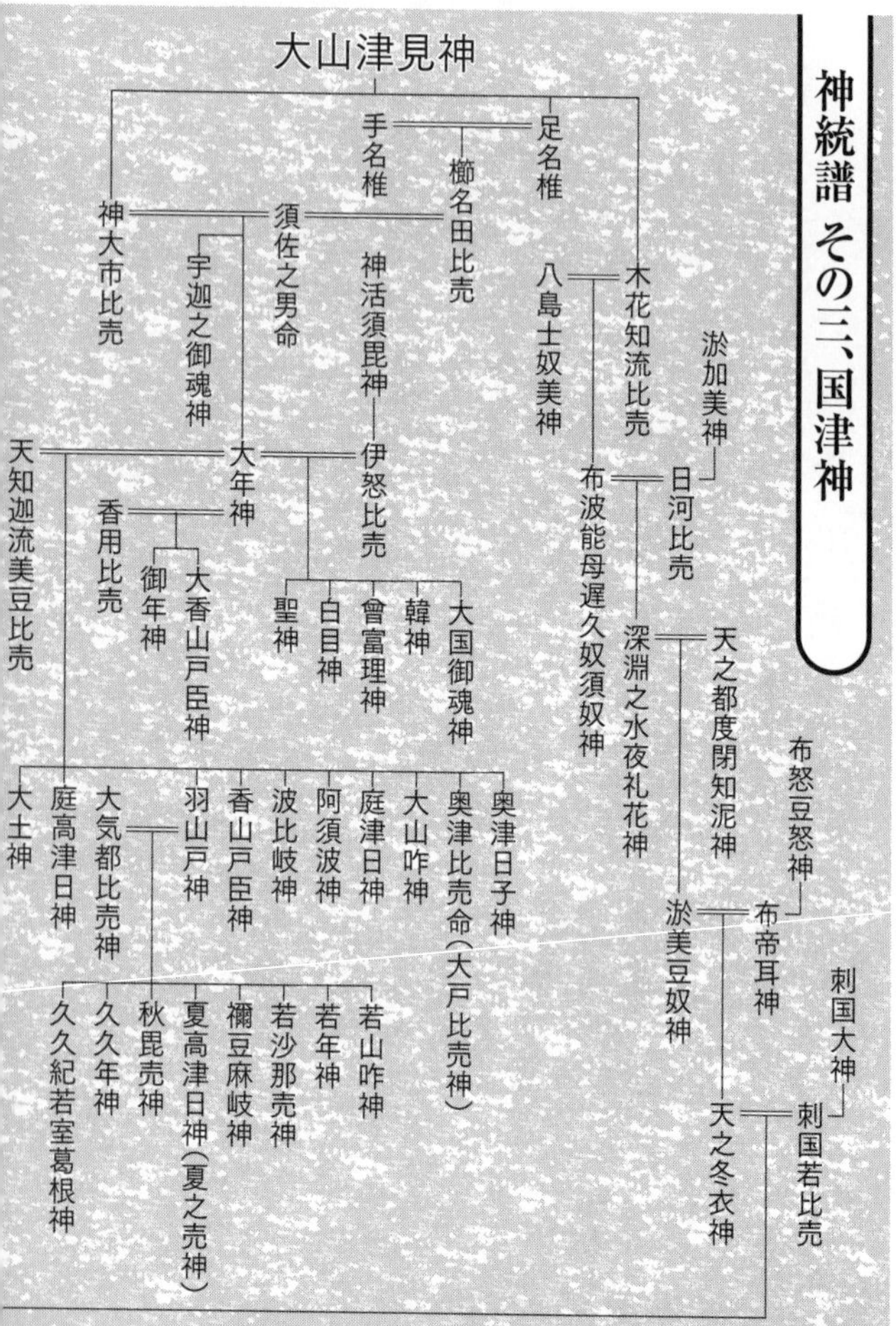

大山津見神
足名椎
手名椎
櫛名田比売
須佐之男命
神大市比売
木花知流比売
八島士奴美神
神活須毘神
宇迦之御魂神
淤加美神
日河比売
布波能母遅久奴須奴神
伊怒比売
大年神
天知迦流美豆比売
香用比売
大香山戸臣神
御年神
大国御魂神
韓神
曾富理神
白日神
聖神
天之都度閇知泥神
深淵之水夜礼花神
布怒豆怒神
布帝耳神
淤美豆奴神
刺国大神
刺国若比売
天之冬衣神
奥津日子神
奥津比売命（大戸比売神）
大山咋神
庭津日神
阿須波神
波比岐神
香山戸臣神
羽山戸神
大気都比売神
庭高津日神
大土神
若山咋神
若年神
若沙那売神
彌豆麻岐神
夏高津日神（夏之売神）
秋毘売神
久久年神
久久紀若室葛根神

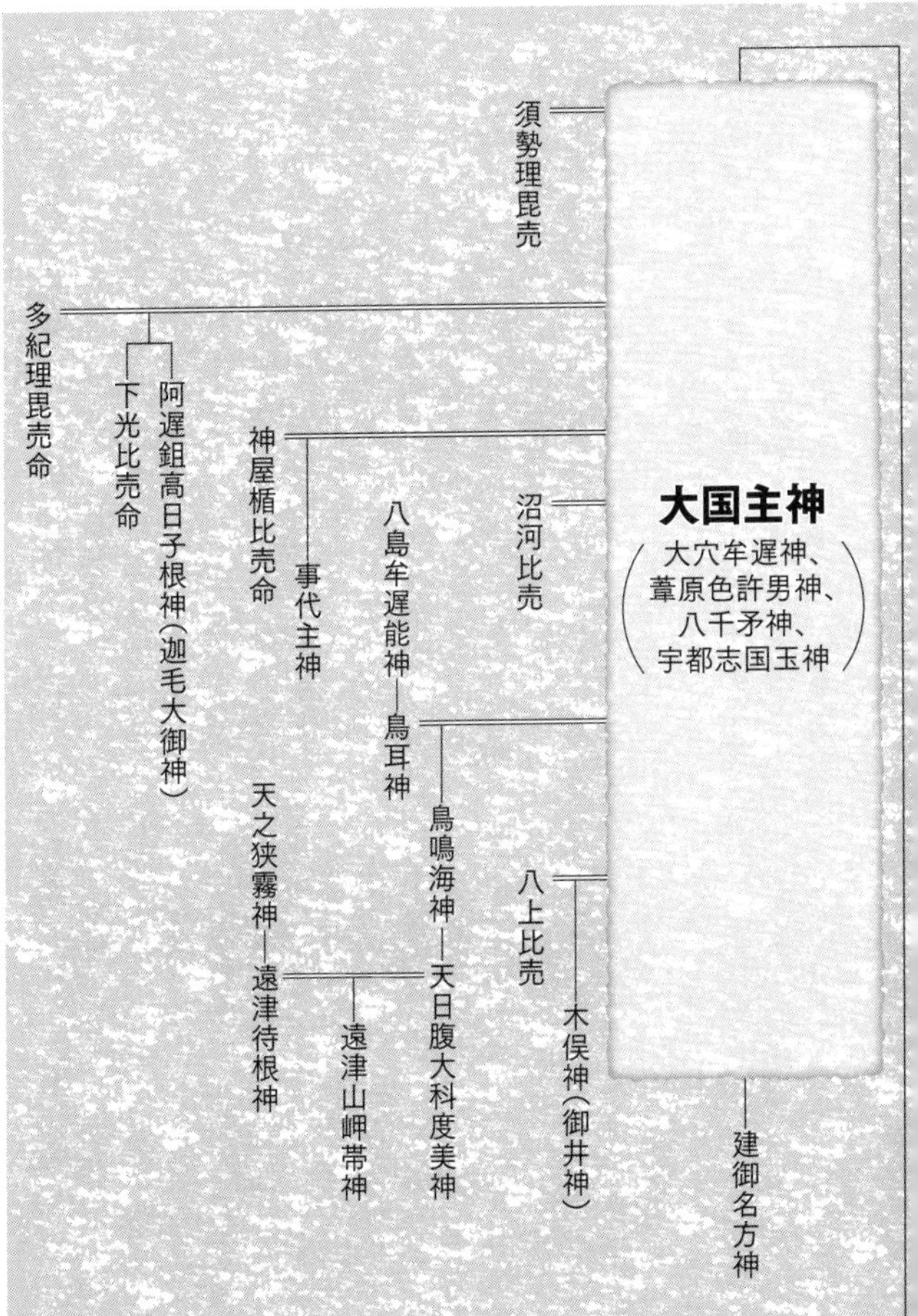
大国主神
（大穴牟遅神、葦原色許男神、八千矛神、宇都志国玉神）
須勢理毘売
多紀理毘売命
阿遅鉏高日子根神（迦毛大御神）
下光比売命
神屋楯比売命
事代主神
沼河比売
八島牟遅能神
鳥耳神
鳥鳴海神
天日腹大科度美神
天之狭霧神
遠津待根神
遠津山岬帯神
八上比売
木俣神（御井神）
建御名方神

※神名と系譜は『古事記』に基づく。

【参考文献】

『「神社」で読み解く日本史の謎』河合敦、『縁結び、商売繁盛だけじゃない！「頼れる神様」大事典』戸部民夫、『全国「一の宮」徹底ガイド』恵美嘉、『「日本の神様」がよくわかる本』戸部民夫、『頼れる神様大事典』戸部民夫（以上、PHP研究所）／『稲荷明神　正一位の実像』松前健編、『金比羅宮　こんぴらさんへの招待』藤田健（筑摩書房）／『すぐわかる日本の神々』鎌田東二、『祖神・守護神』川口謙二（東京美術）／『「日本神話」の謎と真実』三浦竜、『諏訪大社と武田信玄』武光誠、『日本人の祭りと呪い』三浦竜（青春出版社）／『古代史を知る事典』武光誠、『神社辞典』白井永二、『民間信仰辞典』桜井徳太郎、『日本史小百科　神道』伊藤聡ほか他（以上、東京堂出版）／『「日本人の神」入門　神道の歴史を読み解く』島田裕巳、『全現代語訳日本書紀［上］』宇治谷孟、『全現代語訳日本書紀［下］』宇治谷孟、『伊勢神宮と出雲大社「日本」と「天皇」の誕生』新谷尚紀（以上、講談社）／『日本人なら知っておきたい古代神話』武光誠、『諏訪の神』戸矢学（河出書房新社）／『「伝説」はなぜ生まれたか』小松和彦、『知っておきたい日本のご利益』武光誠、『日本と道教文化』坂出祥伸（角川学芸出版）／『お参りしたい神社百社　日本人の心の故郷・神々の杜を歩く』田中恆清監修、林豊著、沖宏治写真、『源氏物語五十四帖を歩く』朧谷壽（JTBパブリッシング）／『面白いほどよくわかる日本の神社』鎌田東二、『面白いほどよくわかる日本の神様　古事記を彩る神々の物語を楽しむ』山折哲雄監修、田中治郎（日本文芸社）／『目からウロコの　日本の神々と神道』三橋健、『日本の神々の事典　神道祭祀と八百万の神々』薗田稔・茂木栄監修、『日本の神々神徳・由来事典　神話と信仰にみる神祇・垂迹の姿』三橋健編著、『三種の神器―謎めく天皇家の秘宝』稲田智宏（以上、学習研究社）／『日本神話の謎がよくわかる本』松前健、『日本神話事典』大林太良・吉田敦彦監修（以上、大和書房）／『「日本の神さま」おもしろ小事典：氏神、道祖神から狛犬、ナマハゲまで』久保田裕道（PHPエディターズ・グループ）／『口語訳古事記』三浦佑之（文藝春秋）／『「伝承」で歩く京都・奈良　古都の歴史を訪ねて』本島進（慧文社）／『神道とは何か　神と仏の日本史』伊藤聡（中央公論新社）／『伊勢と出雲の神々』皇学館大学（学生社）／『季節のなかの神々　歳時民俗考』小池淳一（春秋社）／『熊野その聖地たる由縁』天川彩（彩流社）／『古事記 新潮日本古典集成』西宮一民訳（新潮社）／『古事記 日本の神様と神社』（英和出版社）／『古事記の読み方―八百万の神の物語』坂本勝（岩波書店）／『市田ひろみの日本人でよかった年中行事としきたり』市田ひろみ監修（東京書籍）／『神さまと神社』井上宏生（祥伝社）／『神と歌の物語 新訳古事記』尾崎左永子（草思社）／『神になった人びと』小松和彦（淡交社）／『神社で神さまとご縁をつなぐ本 みんなの神さま 神さまの専門分野を知って、ご利益を確実にいただくために』西邑清志（永岡書店）／『神社と神様がよ～くわかる本』藤本頼生（秀和システム）／『神社と神々 知れば知るほど』井上順孝（実業之日本社）／『神道と祭りの伝統』茂木貞純（神社新報社）／『神様に秘められた日本史の謎』新谷尚紀監修（洋泉社）／『図説・七福神』（戎光祥出版）／『早わかり日本史』河合敦（日本実業出版社）／『日本のまつろわぬ神々』（新人物往来社）／『日本の神さま事典』三橋健・白山芳太郎（大法輪閣）／『日本の神々がわかる神社事典』外山晴彦（成美堂出版）／『日本の神々と建国神話』志賀剛（雄山閣出版）／『日本の神様 歴史と起源を完全解説』青木康編（宝島社）／『日本の神様・仏様まるごと事典 有名社寺の神仏から路傍の神々まで』島崎晋（廣済堂あかつき）／『日本の神様読み解き事典』川口謙二編著（柏書房）／『日本の神話と地名のはなし』由良弥生（ランダムハウス講談社）／『日本の神話を考える』上田正昭（小学館）／『日本神さま事典』三橋健、白山芳太郎編著（大法輪閣）／『八百万の神々 日本の神霊たちのプロフィール』戸部民夫（新紀元社）

【参考サイト】

伊勢神宮／伊太祁曽神社／宇倍神社／鵜戸神宮／浦嶋神社／岡山県神社庁／下鴨神社／貴船神社／吉備津彦神社／戸隠神社／佐太神社／三嶋神社／鹿島神宮／住吉大社／春日大社／諏訪大社／諏訪大社／走水神社／太郎坊宮／大山祇神社／大神神社／大和神社／田縣神社／南宮大社／日枝神社／熱田神宮／箱根神社／八坂神社／美保神社／武雄神社／枚岡神社／湊川神社／由良湊神社／龍田大社／氣比神宮／本居宣長記念館／読売新聞

※本作品は当文庫のための書き下ろしです。

茂木貞純（もてぎ・さだすみ）
埼玉県熊谷市に生まれる。昭和49年、國学院大學文学部神道学科卒業。昭和55年、同大大学院博士課程神道学専攻修了。現在、國學院大學神道文化学部教授、神道宗教学会理事、日本マナー・プロトコール協会理事、熊谷市古宮神社宮司。
主な著書に『日本語と神道』（講談社）、『神道と祭りの伝統』（神社新報社）、『知識ゼロからの伊勢神宮入門』（幻冬舎）などがある。

だいわ文庫

日《に》本《ほん》の神《かみ》様《さま》 ご利《り》益《やく》事《じ》典《てん》
知《し》っているようで知《し》らない八百万神《やおよろずのかみ》の履歴書《りれきしょ》

監修者 茂木《もてぎ》貞純《さだすみ》

二〇一八年三月一五日第一刷発行

発行者 佐藤 靖
発行所 大和《だいわ》書房
東京都文京区関口一―三三―四 〒一一二―〇〇一四
電話 〇三―三二〇三―四五一一

フォーマットデザイン 鈴木成一デザイン室
本文デザイン 福田和雄(FUKUDA DESIGN)
本文印刷 信毎書籍印刷
カバー印刷 山一印刷
製本 小泉製本

ISBN978-4-479-30697-9
乱丁本・落丁本はお取り替えいたします。
http://www.daiwashobo.co.jp

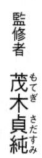

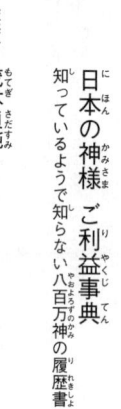